濤軒散記

張如漢 著

自序

書不能無序，在出版的書籍中，除了教科書，可說極少數的少數沒有序的。自序者，比比皆是，請名人、請好友寫序者，更不在少數，請大官寫序推崇其著作者，亦不乏其人。我這本小冊子，不是什麼名著，更不是學術著作，祇是我自己在人生旅途上記錄下來的一點痕跡而已；將歷年在報章、雜誌發表的作品集結成冊，其中有時代背景的論述，有實際的報導，有專題的徵文，有個人的經歷，有極短篇的小說，也有極短的新詩，也有給家人及朋友的書信，也有紀念的文章，祭文、墓誌銘也有，五花八門，這真是不折不扣的雜文集，其中有的成為明日黃花，有的亦可永久保留，這本雜文集，祇能當茶餘飯後的消遣佐料。其次，感謝我家人的支持與幫忙，並感謝秀威資訊科技公司及李坤城先生之協助，得於順利出版，特此致謝。

我也不能免俗，謹綴此數言，以為序。

目錄

新詩

附錄

濤軒散記

回首看看來時路

「光陰荏苒，日月如梭」，這句俗語確是我人生的寫照。因為自踏入杏壇，終日與學童為伍，不知屆齡退休之將至。

四十多年前的一個炎炎夏日，踏進台北植物園的中央圖書館翻閱報刊，竟然發現台灣省教育廳的教師檢定考試公告。在這一煞那，竟然是我一生事業的源頭。

從報名、準備考試、到放榜，在數個月之中，心裡的壓力，與日俱增。放榜那一天，聚精會神的在榜單上尋找自己的名字，啊！有了，數月來的準備及期盼終於有了肯定答案。

檢定考試及格。只是取得教師任用資格而已！當時在台北市，人地生疏，親朋戚友自顧不暇之環境，想謀一席教職，談何容易？

翌年毛遂自薦，得孫紹權鄉兄之助（那時其任澎湖縣教育科國教股長），得

派澎湖縣馬公鎮桶盤國民學校任教（該校數年前撤銷），瞬間，已三十餘載之歲月，而今，孫先生已入黃泉，我已屆齡退休，實感時光無情的流逝，吾人生涯之有限。

教師生涯，有甘有苦。

記得教畢業的學生，有一位遠從高雄返澎的同學，到處打聽我現在任教的學校及住址。一天傍晚，他攜家帶眷到舍下來拜訪，不但帶禮物，而且誠摯的邀請，到高雄的時侯一定要去找他，不知道說了多少次感謝的話，聽了實在窩心。其實當時教畢業班，對學生真的是純純的愛，希望他們將來能出人頭地。當時教畢業班，無他！最重要的是能考上省立初中部有幾位？鄉下學校教室裡那有電燈？所以，自己拿錢買蠟燭，為他們晚上補習之用。該生家境清寒，當時為他繳了一點報名費而已，何可掛齒？但是他卻念念不忘。能得到這種回饋，夫復何求？很多懷念我講故事的學生，雖已數十寒暑，見面後仍會說：老師你的故事還未講完呢？很多同學的一句問候，一張賀卡，實在夠甜啊！

有位同學，在校的成績並非很優秀，後來也沒有讀到什麼很高的學歷，但是他踏入社會工作，兢兢業業，甚得老闆的器重，在工作上賦予重任。在一個風雨交加的颱風夜晚，仍然冒險赴工地查看，結果，年紀輕輕的，已將生命送掉。這是有一年開同學會時，他們同學告訴我的，聽到這消息後，不禁心酸難過，因為師生之間有一股濃濃的師生之情。

自從轉任兼行政工作後，在三級離島嶼坪分校服務，生活上的不便，物質上的貧乏，盡人皆知，所以，編制內的教師，除我之外，全是代課教師，一個班級在一個學期中竟換四位教師，縱使孔夫子化身，亦不可能將學生教好，何況他們不過是代課教師而已！其次，學校的設備簡陋影響教學品質，有的學生寧願跟隨父兄出海捕魚。亦不願到校上課，費盡口舌，亦難慰留其到校上課之心。因為學校之設備，十分簡陋，代課教師的專業知識，亦嫌不夠，那有吸引學生就學之誘因？不改善學校環境，那能留住優秀的教師？在此誤人子弟，其敢無愧？

那年調到一所小型水垵國小，剛好校長他調，代理校長一年。與同仁相處，十分愉快，學校有事，不分教務、訓導，全體教職員工一起做，如整理環境，佈置教室，製作教具等，有如家庭中之兄弟姊妹。那種和諧的氣氛，至今令我難於忘懷。而今學區的人口外流，學校亦在數年前撤銷，離別後的同仁，雖數十年之久，見面時仍然熱情洋溢。

調入馬公中興國小，在澎湖算是大型的學校，人多事繁。畢竟自己學識淺薄，能力有限，時時以學生之學習為念，更不忘服務同仁之職志。

多少年前，本校老舊之校舍，簡陋之設備，要應付繁重的工作，實感困難。例如台灣省教育廳國教輔導團蒞臨本縣輔導之時，全部科目集中本校研習，不但教具奇缺，連起碼的開會桌椅也得向學區寺廟去借，其艱苦的情形，難於想像，尤其學校不得任意停課。七、八班的學生如何管理？而且當時一天二天亦無法請代課教師。真是天公疼好人。學生安然無恙。

自許校長清兩到任後，積極改建校舍，數年後，全校煥然一新，各種設施充實，環境優美，有如公園，早晚學區民眾到此運動者，人數眾多。

其次，本校在數年前，附設夜間補習學校，掃除文盲將近二百人，看到他們一屆屆的結業，心中有無限的喜悅。

本校之校史，還未滿四十年。我在本校服務有廿餘年之時光，佔我服務教育歷程三分之二。本校之一草一木，一磚一石之變遷，親眼目睹，可作為本校大部份校史之見證者。

總之，教育這條路走來，並非那麼輕鬆愉快，其中有甘有苦。不過，歡樂多於苦惱，卻是事實。因為整天面對天真無邪的兒童，彬彬有禮的同仁。假如。來生再選擇那一條路去到達人生事業的盡頭，我會無怨無悔的選擇教育這條道路。

86・3・29，澎湖日報

分數並不決定人生

「老師，我的小孩子每次考試的成績總不大好。請老師多多幫忙。」說這樣話的家長，真不知道有多少。

有的小朋友體格很好，做事也認真，跟同學來往，很少和人爭吵，常常自願吃虧。待人禮貌周到，沒有半點虛偽。可是考試成績不如理想。

照現在四育平均的教育來說，這樣的學生該是好學生。然而當時在班級裏，在家庭中，他所遭受的責備，比誰都多，例如：「全班的成績，被你們幾個人拉下來了。」「看你的樣子不笨嘛，就是貪玩，所以成績才不好。」這是最普通的責備，有的甚至挨打。幾年前有一次學校組織棒球隊，有個同學入選後第二天到校向我報告，說是不參加打球了，問他為甚麼？他始終低頭不語。後來聽另外一位同學說，是他爸爸不要他參加的，因為打球浪費時間太多，要他好好的用功讀書。

這種「書中自有黃金屋，書中自有顏如玉」的觀念，在家長中佔的比例一定很高。十年前的升學考試，有位同學沒有考取省中，遭受父母的責備而離家出走。第二年進入水產學校，十多年後的今天，他不去「獨釣寒江雪」，而是駕著漁船，遠航外洋，冒著狂風巨浪，去網大海之魚。不但供應中外人士佐餐，為國家賺取不少外匯，更為他自己成家置產，年紀輕輕的已擁有高樓大廈，和嬌妻兒女，真是羨煞人也。像這樣的人，我們又何必一定要他考取「第一志願」呢！

反觀當年考取省中的同學，一家大小歡歡喜喜，親戚朋友祝賀之聲不絕於耳。十幾年後的今天，不過是一個機關的雇員，有的如今不但沒有置產，連成家還是遙遙無期。以他們對社會的貢獻來說，還是前者優於後者。當然也有大學畢業，已經出國深造的了，但那不過是鳳毛麟角而已。

二十年來的教書生涯中，我教過所謂「放牛班」的同學，也教過「升學班」的同學，常在夜闌人靜，或風雨交加時，回憶到他們。

「放牛班」的同學，特別有情感，雖然提筆寫信問候的少，但是登門拜訪的

卻經常有之。他們各人都有一技之長，木工、水泥工、修理機車、腳踏車等各行各業都有。

有一次我騎腳踏車去家庭訪問回家時，車子忽然出點小毛病，鏈子掉下來了。自己費了一番工夫，無法修復，只好推到修理店。一個年輕人看見我把車子推去，立刻停止工作，優先把我的車子敲敲打打，很快就修好了。給錢時，他堅決拒收。原來他是我教過的「放牛班」的一個學生，在學校雖然成績低落，但是修理腳踏車卻是一級技工啊！又有一次坐計程車，上車後發現司機是我的學生。一路上閒聊，知道他的收入不錯，生活過得很好，下車給錢時，他竟把車子立刻開走，還聽到他說：「難得為老師服務一次。」我記得很清楚，他是投考省中名落孫山的學生。

所以，我認為學生在校，應該「因材施教」，家長也應該了解子女的性向而加以輔導，或許可以減輕對於高中、大專聯考的壓力。因為研究高深的學問，除了興趣之外，必須加上優異的智慧，不是人人可以做的到的。

在校成績的高低，大專聯考錄取與否，都不能決定一個人將來的成就。只要做一個堂堂正正的好國民，無論為工為商為農為士，對國家對社會的貢獻還不是一樣？何必斤斤計較於成績的高低呢？

國語日報發表，澎湖青溪轉載

由贊成到反對

自民國四十幾年，到民國五十七年九年國教實施，這十幾年期間，正是升學壓力最重的時候，我躬逢其盛，忝為國小教師之一，擔任高年級級任。

那時雖然惡補風氣盛行，但是因服務的學校在偏遠的鄉下，我替學生補習，並沒有收過一毛錢的補習費，完全為了一句話：「這位老師不錯。」那時候，校長考核老師的優劣，家長評斷老師的好壞，完全看升學率的高低。假如能考上省中的學生數，能打破以往的紀錄，那是自己感到最光榮的事。最起碼的升學率，也得跟上屆的或同年級的，或者鄰校的相比而不遜色，那麼自己在學校同事面前，社區家長面前，才能抬頭挺胸。否則，真是無顏見江東父老。

為了自己的面子，不得不加緊學生的功課，拼命的填，盡量的塞，唯一的目的，就是考取省中的人數不能殿後。體罰最大的根源，就是從這裏長出來的。

那時候，有坊間出版的模擬考試卷，三天一小考，一週一大考，成績考得好的同學，是應該如此，成績考得不理想的同學，就得接受嚴厲的體罰。一個班級裏面，有哪幾位能考取省中的同學，在老師心目中已經有數了。所以，這幾位同學所受的體罰，就比其他同學多。說來也奇怪，那時候校長不但不禁止體罰，而且就算有老師體罰學生過分了一點，校長還是會支持老師的。尤其那時的家長，望子成龍、望女成鳳的心好像勝過現在，因為那時的家長知道自己的子女被老師體罰後，不但不敢提出抗議，還卑躬屈膝的對老師感激不已呢。

記得有一次體罰學生，現在回憶起來，還感到歉疚。那是為了一題數學，不知道講了多少次，模擬試卷一考，全班竟有三分之二不會，那時簡直把我的肚子氣破了，叫學生站起來，拿起板子（學生椅子壞了的木板，又大又厚。）來每人打五下，一口氣打了幾十個學生。第二天早上，在路上遇到一位家長告訴我，他的孩子昨天晚上吃飯，手都不能拿筷子，而且還對我的體罰稱讚一番。上第一節課，我調查一下，竟有半數同學的手掌腫起來，連二位同事的孩子也不例外，可是他們對我一聲也不敢吭。

有一次上課時，我規定了功課，離開教室一下，全班同學都鴉雀無聲的做功課，其中有一位以為老師不在教室，就大聲發表高論，引起全班哄堂大笑。待他們發現我站在教室門口時，立刻停止笑聲。看到這樣的秩序，非整頓不可，於是把那個同學叫出來，用藤條教鞭，一鞭下去，他大腿上的肉，竟然裂開。晚上去向家長道歉，他不但不接受我的道歉，還謝謝我對他子女的關心。現在想起來，真是還心有餘悸呢！

自從總統　蔣公宣佈實施九年國教以後，升學壓力解除，對於體罰學生，偶爾一兩次罰站兩三分鐘而已。這是總統　蔣公的恩澤。而且政府也三申五令的禁止體罰，家長的觀念也已轉變，而自己也由級任轉任行政工作，對於體罰，也就注重推行政令了。所以不管在會議上或私下談天，我都提出禁止體罰的意見和政令。

有一次，教師體罰了學生，其實並不嚴重，只是學生不守秩序打了他一記耳光，臉上留有紅紅的指印而已。家長就跑到學校來大吵一陣，揚言要提出控告。不知費了多少唇舌，還答應他的子女調換班級，才息了這場風波。

我今天反對體罰，沒有升學壓力，注重四育平均發展，是最大的原因之一。其次是政府三申五令的禁止，政令得徹底執行。另外家長的觀念改變，不容老師任意的體罰，再加上自己的進修，對教育理論的體驗，知道兒童是天真活潑好動，這是他們的天性。而且五個手指都有長短，兒童當然有上智和下愚，喜歡活動，或者內向的，不能做到畫一的要求。對於教室裡上課的秩序，假如上自然社會，就不能像上國語數學一樣，因為教材與教法，就不允許只有老師講，學生聽了，不但要讓學生講，而且還要讓學生動（去做）。對於常規來說，只要循循善誘，頑石都會點頭，何況人呢？尤其在國民小學，教師的話比聖旨還容易貫徹，實在用不上體罰。

當然教師平心靜氣的，輕輕打學生兩下手心，我不認為這是嚴重的體罰。我知道有很多父母接受過高等教育的家庭，家裏都準備一條竹片，說是「家法」。家庭實施這種「家法」管教子女，既然不算是體罰，老師如果是由於「愛之深，責之切」也不算是過分吧？

68．3．22　國語日報

孩子！原諒我吧！

孩子！如今窗外是白茫茫的月夜，隣居都已沉醉在甜蜜的夢鄉，我啊！思緒起伏難以成眠，今天早晨的事情，以往的情景，浪潮似的一陣陣湧上心頭。

孩子！今天朝會，你在太陽底下不過站了廿五分鐘，你竟支持不住的要暈倒下去。當我扶持著臉無一點血色的你，一步步的邁向保健室時，好像我將你一步步的推向死亡的深坑。孩子！此時此刻，我的心跳著，急劇的跳，我的頭也暈了，不過我沒有倒下去。因為此時我腦子裡裝滿了懊悔與慚愧。走到保健室的門外，我一手將你抱起，三步並二步的走進去，輕輕的將你放在床上，此時，我手足失措，不知如何是好。因為我沒有這種救護經驗啊！幸虧衛生導師趕來，將濕手巾蓋在你的頭上……。經過一段時刻，你才醒過來，然後無精打彩的走向教室。

上第一節課的時候，我站在講臺上，眼睛將每位小朋友掃射了一週，我並沒有開始上課，而開始責備你們的父母。我說：「你們的體格這麼差，就是你們在家裏的營養不良，可見你們的父母如何不關心你們，尤其現在天氣炎熱，更要多吃點水菓，以及其他富於營養的食物……。」當我講到這裏，好幾位小朋友的頭低下來了，眼睛不敢看我，我知道，這幾位是每個月的補習費打對折後仍不易收到的。但是，仍有幾位小朋友眉飛色舞的，因為他們常常將家裏吃不完的水菓往老師家裏送。孩子！這時我注意到你，那時，你臉部的表情，好像對我所講的，想提出強硬的抗議。因你是富家子弟，怎麼會營養不良呢？我繼續的說：「平時要……」這句話本想說要注意運動，但是，我沒有說下去，臨時變更，改為「平時要注意衛生。」

孩子！我怎麼能講出要你們多運動這句話來？因為每天的體育課，鈴聲一響，你們的眼睛像企求什麼似的，目光集中在我的身上。有幾位膽子稍大的小朋友，有一次竟敢提出來說：「老師，我們上一次體育課好嗎？」這種哀求的聲音並沒有得到我的憐憫，仍然叫大家坐好，還訓斥你們一頓，我說：「你們要知

道，你們是六年級了，轉眼就要畢業會考，接著升學考試，你們真不知死活，從現在起，連晚上不睡覺，也感到時間太短了，你們還想上體育，還想玩。縱使你們自己不想考中學，難道你們的父母也不想你們考中學嗎？不為了考中學，全縣會考時，學校的名譽要不要？現在複習的考卷還有許多未考，模擬考試的試卷，早就寄來了。各位同學，我希望大家認真一點，不要像中低年級的小朋友一樣，知道嗎？」「知道！」一位同學有氣無力的聲音剛回答我，坐在左邊後排的呂××同學，竟敢低聲的說：「老師不上體育怕曬太陽。」雖然他的聲音是這麼的微小，但是在這肅靜的教室裏，仍然聽得很清楚。我的天啊！我講的話他竟然不聽，還說我怕晒太陽。

這是多麼沒有出息的人啊！多麼不了解老師的苦衷啊！本來想開始複習算術了，聽了他的話，又開始教訓你們：「你們真不知好歹，老師和你們複習國語、算術，還得化精神講解，上體育，和你們打打球，老師也很高興呀！可是，你們考不上中學怎麼辦？畢業會考最後一名會不會丟臉？現在你們不知道讀書的重要，再過三年五年，你就會懂得了，唉！你們這些人真是朽木不能雕。不要吵了，你們看，又浪費了二十分鐘，真是討厭，趕快拿出算術題解來。」大家默不著聲的拿出書，無精打彩的聽我一遍又一遍的講解，一個問題未講完，下課鈴又響了，我沒有下課，我想繼續的講下去，你們看我無意下課，於是郭××同學舉起手來，我以為他對這個算術有疑問，所以答應他發言，誰知他站起來說：「老師！我要去小便。」我想，他一個人去，不會影響我繼續上課，所以，我答應了他。他剛跨出教室的門，又有二三位小朋友舉手，報告要去小便，我看情形，你們都無意上課，所以，宣佈下課後二分鐘進入教室，你們像囚犯得到大赦似的，臉上浮起了淺淺的微笑，機械似的走出教室。可是，你們二分鐘後並沒有進入教室，一直玩到打上課鈴才進來。當時，對你們這樣愛玩的習慣，真使我生氣。因為我覺得接連二節三節課，很快就過去了，可是，你們的感覺剛好和我相反。

有一個星期六的晚上，你們要求提早回家，理由是，其他班級下午都不上課，我們晚上還要來補習。孩子！你們真不了解老師的苦心啊！你們該知道，你

們的父母辛苦賺來的錢，給你們繳補習費，為的是什麼？雖然你們仍可馬馬虎虎讀書，還是可原諒你們的無知；可是老師收了你們的補習費，怎麼能夠馬馬虎虎呢？將來縱使有的考不上中學，但是，老師問心無愧，因為我盡了最大的努力，對你們的父母也可交代，因我盡力而為了啊！其實，我自己何嘗不想去渡週末？孩子！老師為了你們的功課，連最普通的娛樂——電影，也難得去看一場。雖然是週末，仍為你們上了十幾節的課，考了兩張試卷，直到十一時差十分，才放你們回家。

孩子！老師祇注重你們的功課，因為你們的家庭，以及學校、社會上，都和老師一樣的觀念，祇要你們考試的成績優良，你們的家長歡喜，學校嘉獎，社會宣揚，自然我也非常的高興。所以，我也忘了自己的疲勞，為你們盡量的補習，加倍的補習。以致這學期前二次的體重測量，祇有幾位同學的體重增加，我仍未注意你們的健康，我還以為學校的舊磅秤有問題，或者天氣炎熱的影響。孩子！直到今天，我才將你們的臉孔仔細的看了一遍，發現你們個個臉黃肌瘦眼睛毫無光彩。我一陣心悸，愧疚之情，油然而生。記得公民訓練的中心德目「健康」這週，我和你們講了很多怎樣使身體健康的方法。言猶在耳，曾幾何時，已將你們的健康剝削，將你們的歡笑摘掉。

孩子！原諒老師吧！我不再為了名譽而把你們的身體摧殘，不再為了金錢而將你們的健康葬送。孩子！好在你在早晨暈倒過去，使我有所警惕，有所後悔。雖然為時過晚，但是以後的日子，你和其他同學將會獲得鍛鍊身體的機會，以後的同學，身體將會獲得健康。因為從今以後，我不再將自己的名譽與金錢，建築在學生的殘弱身上了。孩子！請你原諒吧！從今起，我按照課程表上課了，祇要你們的身體健康，精神飽滿，將來全縣的畢業會考，縱使得最後一名，我也會心安理得。孩子！從今天起，晚上不必再到學校來補習了，這個月的補習費，你們也不必繳了，你們的父母也許不了解這個原因，但是，我會詳詳細細的將利弊得失告訴他們。孩子！放心吧！將來你們縱使擠不進中學的門檻，這不是你們的責任。祇要有強壯的身體，充沛的精神，不要怕沒出路，俗語說：「留得青山在，

不怕沒柴燒。」

孩子！夜深了今天你們沒有補習，我想，你們睡得很甜吧！祝福你，做個甜蜜的夢。

教育輔導月刊

故事的效用

我的教學時間很短，因此，對教學方面的經驗毫無，一切均在學習，一切均在研究，正在慢慢的摸索前進。各種教育的刊物，給予我很多的教學經驗，以及各種教學的方法。不過，我感到最困難的，莫過於教室的管理。上課時小朋友不守秩序，無論怎樣好的教材與教法，仍無補於事，這種教學，可說是事倍功半，非常吃力。忽然，腦海裡發現兒童天天要求講故事，於是，想起了利用故事的力量，可以管理教室的秩序。進而利用故事來教說話。以後，我還發現可利用故事來教作文。

在課外活動的時間、我將《安徒生童話集》裡面的故事，或者歷史上的人物故事，講給小朋友聽。這一次講故事，我將故事講一半，正是講到最緊張的時候，立刻停止下來，向小朋友宣佈明天再講。小朋友愛聽故事，可能是一種天性，小朋友剛聽到這緊張的時候，未能立刻聽下去，真感到非常的遺憾。

下課後，仍然一大群小朋友圍著我問：「老師！那個人以後怎樣呢？」「老師！他用什麼方法呢？」「……」接二連三的問個不休，甚至有小朋友說：「晚上我們到老師家裡去。」在這種情形之下，是要求兒童最有利的機會，於是，我抓住這個機會，用暗示的方法，以後上課要守秩序，才會將故事繼續的講下去。否則的話，以後都不講故事了。

果然在第二天上課的時候，我一進教室，看到小朋友秩序，真是不能同日而語了，不但鴉雀無聲，而且坐的姿勢也很端正。在上課的中途，偶然發現一二個小朋友不注意聽講，或者在談話的，我祇要停頓下來，全體兒童都知道了一定有人不守規矩的，他（她）們的眼睛，會在全教室去搜尋這位不守規矩的小朋友，被他（她）們發現了的話，級長或者排長會用很小的聲音叫他。於是，全體小朋友的眼睛都注視著這位不守規矩的小朋友，使他受到全體的制裁，而歸於肅靜。

習慣成自然，慢慢的，每一位小朋友在上課時都很守規矩了。每一位小朋友，都有很大的進步。我問小朋友：「各位小朋友！近來大家有進步嗎？」他

（她）會異口同聲的說：「有。」「為什麼會進步？」「上課時用心聽。」

當我發現了故事的效力這麼大的時候，於是，我想到了教說話的問題，因為以前的說話課，都是我講的，也因為不知怎樣去教說話。所以，這次我找到很短的故事，未講故事之前，即宣佈，我將故事講完之後，小朋友要將我講的故事講出來給我聽，才證明各位小朋友用心聽。起初，沒有一個小朋友敢答應的。我也感到很失望。反正故事準備好了，也得試一試。將簡短的故事講完，（大約五分鐘）我又問小朋友：「有誰能將我講的故事，重講一遍給大家聽？」這一問，真出乎我的意料之外，竟有半數小朋友舉起手來，首先我叫一二位優等生先站起來，照我講的意思複述一次。講完之後，雖然不如理想，我還是對他們誇獎了一番。結果，很多小朋友躍躍欲試要求：「老師！我講。」「老師！我來試試。」因為要求復述故事的小朋友大多，所以，我進一步的要求：「小朋友，照我講的故事講出來，大家聽多了，沒有什麼意思，那一位小朋友，能夠自己想出一個故事來，講給大家聽聽。……」我還未講完，就有小朋友舉手了，我很高興。這次，我叫了一位中材生起來講，結果，也算是不錯。以後，我慢慢的訓練，連低能的學生也敢站起來講了。

以同樣道理教作文，依自己的經驗，就是要在自己的生活圈子內找題材，寫起來，才比較容易。所以，我想到小朋友的寫作，也是同樣的道理。假使出的題目是理論性的，根本小朋友摸不著邊際，何況我教的還是中年級的呢？所以，我就想起用故事來引起小朋友的作文興趣來。首先，我自已編一個二百字左右的現實故事，如〈小明的好媽媽〉，將小明媽媽的年齡身材，怎樣對待小明，小明怎樣報答媽媽。講完之後，就問小朋友：「你們的媽媽怎樣呢？是不是可以將你媽媽的年齡，身材，會做什麼，怎樣對待你，你要怎樣孝順媽媽？你們能夠寫出來的話，今天我們就做這篇作文，〈我的母親〉，好不好？」全體小朋友聽了，都一齊的答應：「好。」於是開始寫了。寫的時候，我沒有發現一個小朋在望天花板的，而且按時交卷了。這一次的作文，不但不須要怎樣的批改，而且還有很多寫得很逼真的，如他（她）們描寫媽媽的性情不好，會打他（她），或者媽媽愛小弟弟，或媽媽常常罵姊姊……在這作文裡，還發現了小朋友的家庭教育情形。

以後的作文，我都利用現實的題材，如升旗典禮的情形，我怎樣做整潔活動……，小朋友也非常高興。因為這些題材，是小朋友生活圈子內的，他（她）們都會寫，所以，也很高興，而且，作文一次比一次的好。慢慢的由記事趨於抒情。

自從我利用故事來作教學上的方法，兒童確確實實比以前進步了很多。這不過是將本人一點經過寫出來，或許諸位先進的教師早已用過此種方法。

64．2，教育輔導月刊

教師難為

教師這個名詞，在《辭海》上的解釋是：「為教授學生者之通稱。」在《國語日報辭典》上的解釋是：「給學生授課的人。」雖然這二本辭書編輯的時間，相差達四十年之久，世事之變遷，早已滄海桑田了，但是，對教師工作的認定，則始終未改。假如今日之國小教師真如辭書上說的「是給學生授課的人」、「教授學生者」，仍未將學生教好，背上誤人子弟的罪名，真該打下十九層地獄。

可是，今日之國小教師，除了「給學生授課」、「教授學生者」之外，還要負責學校的行政工作，更要「為政府辦理大眾業務」，(國語日報連載：櫻花園第六國中。)

筆者忝為國小教師，服務了將近二十年，深知其中之苦味，雖然社會上對教師的批評，貶多於褒，但是絕大部份的教師，仍然站在教育工作上默默的耕耘。今日國民教育大家認定有所進步的話，我們國小同仁，雖不敢說有功，但是苦總是有的。

現在的國民小學，沒有職員編制，是盡人皆知之事，所以，教師除了「給學生授課」之外，行政工作，究竟有多少？卻少有人知道。(不過上級是知道的。)就一位級任導師來說，到開學之後，整整一個學期，都會忙得暈頭轉向。

每當開學後，教師要兼辦收費(收費項目有教科書費、家長會費、班級會費、兒童讀物費、教師福利金、牙齒防治費，蛔蟲藥費等)。填發三聯單，每聯計算數目，填上數字，先發通知，繳錢來了，再發收據，領發教科書，如有破損，要掉換，多退還，少要補足，分發簿本，整理封面，領用清潔工具，辦公用品，擬訂教學進度表，填寫日課表，整理點名簿，將這些忙完之後，緊接著的是「給學生授課」後的筆記，一批批的湧至講桌上：作文簿，國語筆記、數學練習、日記、寫字、社會、自然，還有每日的家庭作業，每班以五十五人計算(編班標準人數)，每週要翻多少頁的筆記？不要說詳細的批改了。每週上什麼課，要找資料佈置教室。學校的各種活動，什麼比賽都有，雖然有些項目可用一句話指定學生參加，但是，有的得準備一番，才不致太離譜，如演講比賽，得寫好稿子給學生背，一次次的指導練習。體育方面的各項比賽，也得找時間帶去操場練習，去指導，音樂比賽，化得時間更多，如擔任指導舞蹈去參加比賽，也不是一蹴可成的，也要經過漫長的時日練習，才能去參加。各種國定紀念日，要出壁報，不知什麼時候，紅十字郵票來了，要賣給學生，防癆郵票也是一樣，還有紅十字會的少年會員，收會費、發收據。校長教務主任，要抽查筆記，看看是否按時批改。每學期三次的定期考試，要自己出題，刻鋼版，考試過後的閱卷評分，登記分數，記載成績。一年一度的科學研究，不但教師要做，也要指導學生做一份，所花的時間，長短不一，長的達數年仍得不到結論，短者也得化上十天八天。科學玩具，也是傷腦筋的事，不能花錢買現成的，一定親手做，不但教師要做，仍然要指導學生做一份。每學期校內的三次演示教學，輪到演示者，要蒐集資料，編寫教案，刻鋼版，印資料。每月固定為學生辦理儲蓄，收取午餐費，這些錢，不但要收，還得一元一角不能少的交出去。如點名簿上的各項記載，其實班級上學生出席情形，衛生習慣，導師一目了然，但是仍得逐日記載。

大多數的教師，都分擔了一份行政工作，有的兼辦主計，有的兼出納，有的兼文書，有的兼收發，有的兼辦午餐，有的兼管理倉庫，有的辦理儲蓄，有的辦平安保險，有的兼衛生導師，有的兼管圖書，有的兼辦事務。工作繁簡，一言難盡，如兼主計者，造薪津冊、實物清冊、主計報表。如辦學生儲蓄，手續之繁，花的時間之多，不是一般人所能想像。這些煩不勝煩的行政工作，佔去一位導師「給學生授課」多少時間？

筆者對於級任導師工作的繁重，不勝負荷，恐會誤人子弟，所以在數年前有機會轉任行政工作主任的職務。誰知？主任的行政工作，亦不是輕鬆的事，除了「給學生授課」的時間比導師少些外，繁雜的行政工作，更是忙得頭昏眼花，因為全校的各種報表，經常性與臨時性的，共有二百餘種之多(請參看文具店的學校各種表冊目錄)，絕大部份是經過主任的手裡報出去的。政府天天叫簡化法令與報表，實際如何？像本學期廢除了的在學證明書，真是減輕教師工作的一大德政，盼望有關當局仍須繼續的研究簡化。

就學校「為政府辦理大眾業務」方面，雖然小學生的能力有限，但是，有些工作還是要帶領著他們去做，如每週一次或二次的社區服務，主要工作，就是消除髒亂。推行小康計劃，也得收取學生三元二元捐獻作為仁愛基金。開放學校場地，經常要派教師負責指導民眾使用以及負責管理。里民大會的政令宣導，媽媽教室的舉辦或協助，救國團的活動，縣黨部民眾服務站的要求，鄉鎮公所各級體育會，人民團體來函邀請，有關遊藝會節目，或者某方面的體育活動，或演講比賽、寫生活動任何機關團體找到學校來，校長豈能拒絕？這些工作落在誰的肩上呢？還不是教師要負起責任來，接受這些工作之後，又不知剝奪了多少「給學生授課」的時間。

以上所說，不過是一位教師經常性的工作，有時上級一紙公文，輕描淡寫的幾句話，可是整個學校的教師都會忙得不可開交，譬如：上級規定學校在什麼時候應辦園遊會、運動會、遊藝會等，教師不知要化多少時間才能將這件工作圓滿達成任務？難怪以前有句話：「家有隔日糧，不願當孩子王。」以前是否嫌教師工作多而發的感慨？但是，今日的教師實在難為啊！不過今日時代不同了，為了報效國家，為了享受犧牲，為了培育下一代的幼苗，每年師專招生，莘莘學子，更是趨之若鶩。為國家主人翁著想，還是請求有關當局，趕快減輕教師的工作負擔，好讓教師有更多的時間「給學生授課」。

教育輔導月刊第二十八卷第十二期

試論澎湖實施免試升學

最近關於延長義務教育或實施免試升學之言論，各報章雜誌發表很多，有關當局亦積極的擬訂方案，籌劃實施，大有山雨欲來之勢。可是，根據各報章之消息，說明了有關當局，在今年絕不可能實施。當然有關教育機關，有其實施上之困難原因存在，不可能在三五個月之時間內解決。筆者服務澎湖教育界，擬對澎湖實施免試升學，提供淺見。

一、實施免試升學之原因

數年來，被稱為臺灣教育之毒瘤的惡補，好像祇是對臺灣本島而言。其實，澎湖何常沒有惡補，不過在澎湖的教育界認為是「善良的惡補」而已！因為澎湖的惡補，教師均為義務的，根本不收取任何費用（或許有極少數的教師收費）。一般人會說：「教師既然不要錢，為什麼有惡補呢？」原因不外一種，即是學校、教師為名譽而已！因為澎湖祇有省立馬公中學一所，省立水產職業學校一所，二所縣中，以致所有的考生，家長、學校、教師均以省立馬中為目標，學生、家長如此希望，上級考核學校，學校考核教師，社會評判學校，家長尊敬教師，均以省立馬中錄取率為標準。所以，教師為了名譽，不得不補習，學校為了名譽，不得不鼓勵教師補習，家長認為既然免費，教師有此熱忱，亦樂意送其子女去補習，所以，在澎湖之惡補，除了免費與臺灣本島不同而外，而其損害兒童之身心則一。以致各種參考書，各種模擬考卷……在澎湖仍是應有盡有。擅改課程表，延長教學時間，晚間教室燈火通明……祇要臺灣本島惡補之惡形惡狀，在澎湖地區絲毫不缺。

所以，學校形成一種與臺灣本島的反常現象，即是臺灣本島高年級之級任，教師拚命爭取！而澎湖之高年級級任，則由校長三請四托的而勉強擔任。這就是澎湖的教師祇有補習之義務，無補習之權利可享。

所以，為了澎湖數千兒童之身心健康著想，澎湖實有施行免試升學之必要。

二、免試升學之學區劃分

臺灣本島均有以省辦高中，縣市辦初中之政策來緩和惡補之局勢，這澎湖為什麼不能省辦高中呢？以筆者愚見，省立馬公中學辦高中，將省立水產職業學校，改辦專科學校，那末，縣立中學有馬公中學，湖西中學（現為縣馬中分部），白沙中學，西嶼中學（現為白中分部），全縣除七美、望安二鄉未設中學外，其餘四鄉鎮，均有一所中學，（湖西、西嶼二分部即可獨立）七美、望安二鄉升學人數少，即可劃入縣馬中，這樣是不是將學區劃分得很清楚嗎？將來澎湖公車處將行駛路線作適當的調整，各鄉鎮之學生就讀該鄉鎮之交通，立可獲得解決。

其次附帶解決之問題，即是馬公市區人口日增，一所馬公國校，已無法容納市區學童就學，而另覓地址設校，而馬公市區已無適當之地可以設校了，所以，省立馬公中學停辦初中後，該校校本部即可撥供馬公市區增設一所國校，以免馬公國校之擁擠而無法擴展之苦哀。

三、免試升學之經費師資

澎湖十數年來，經政府之建設，使人民所得直線上升，但是國校畢業生之志願升學率，祇不過百分之五十幾而已！以目前初中（含初級水產）容量，已達百分之五十以上，所差者，祇是百分之幾而已。（數字係筆者之估計，過去二年來，每一千考生中，可錄取九百餘人。）實施志願升學之增班數，實在微乎其微。

師資方面，可說毫無問題，因為在澎湖之軍事機關，有防衛部、海軍造船廠、空軍基地等單位，很多科學軍官，假如師資實在不足，均可聘任兼課。

經費方面，澎湖縣地脊民貧，眾所皆知，全縣各項經費支出，與戰地金門一樣，全仰賴上級之補助。前線金門，全賴上級補助，而可實施延長義務教育，為何第二線之澎湖，為實施免試升學所需之區區之款而不可能呢？相信上級不致厚彼之戰地而薄此之戰地吧！

四、結尾

澎湖雖然在臺灣省內，算是最小的一縣，有關教育方面，可能不大為當局所重視。不過澎湖雖小，可是地位重要。

「靠山的上山，靠海的下海。」這是當局所喊過的口號，澎湖四週皆海，想以海為田來增加生產，亦非智識不可，以小學畢業而下海生產，非彼之時了。所以筆者盼望當局在澎湖實施免試升學，進而延長義務教育。假如當局不能單在澎湖實施免試升學，筆者最低的希望，使澎湖能像臺灣本島一樣，實施省辦高中，縣市辦初中之政策，對澎湖「善良之惡補」。才有戢止之助。

54・8・1，教育輔導月刊十五卷八期

論學校推行「三卡制」

行政院人事局推行的三卡三考制，對於那些八點上班九點到，十點泡茶十一點看報的人，確是對症的藥單，對於經常與政府機關有所接觸的老百姓來說，確是一大德政。因為以往確有些公務員，或年齡大，或資格老，或能力差……主管多不願分配其工作，以致無事可做，既然無事可做，則八點上班九點到的情形，自然形成習慣。至於一般老百姓與政府機關有所接觸，或開證明，或請求什麼事等，八點鐘去，則太早了，要找的人未上班，九點去，可能有的又溜走，不是這個未到，就是那個早退，一件事情，跑上三趟四趟是常有的事，如今，上述種種不良情形，可以一掃而光，這確是人事局的德政。

最近，這種三卡制，除了政府行政機關外，更推行到學校。筆者認為學校實行三卡制，有商榷的必要，特提出陋見如下：

大家都是知道的，學校教師的工作，是良心工作，並不是上班下班算一天

工作的完畢。沒有上班以前，（普通早上八時開始上班，十二時下班，下午一時半上班，五時半下班。）他們應該早到學校，因為學生（指小學生）不會按時上班的，尤其在夏季時間，七點到校都算很遲了，所以教師有責任在七點上班，一方面處理學生在校偶發事件，一方面也可督導學生作早自修，所謂一日之計在於晨，何必虛渡這大好光陰呢？（當然現在不會發生惡補的情形）中午下班到下午上班這一時半時間內，有的學校供應學童午餐，督導學生準備吃飯到整理餐具完畢，剩下的時間最多夠吸二支香烟。下午下班後，可能還得留在學校批閱學生筆記，或者準備第二天的教材教具，或者辦理行政業務，回家時可能還帶一包糖果（筆記）在家裡啃。尤其小學教師，任課時間之多，兼任行政業務之繁，我想當局是知道的，做不完的工作，（這些工作是，行政業務之各種報表，各種簿冊，各種記錄簿如身高、體重、操行、團體活動等，學生筆記，以五年級的級任來就，即有作文、週記、算術、寫字簿、國語、公民，每班四十五人計算的份量。）留到晚上加班，既無加班費可領，亦沒有什麼功勞可誇。不像行政機關，上班時間做不完的留到晚上加班，加班費、夜點費照拿，小學教師可沒有這份幸運。

所以，學校推行三卡制，可能引起一般教師的反感。一般的態度是：好吧！今後按時上班下班，上午八時到校，規定學生也不得早到學校，因為學生早到學校，偶然發生事故，有誰處理？責任誰負？下班時間到了，下班吧！工作做不完的，留到明天上課時間再做。本來一課國語五節課教不完的，不得不快馬加鞭，一個算術單元四節課上不夠的，現在三節課上完，因為要節省時間做其他行政業務，造薪餉冊，會計報表……每位教師都有一份業務，縱使校長看見教師在教室未上課，難道叫他不要辦這些業務嗎？行政業務未按時做好呈報，官腔打到校長頭上，處分的話，校長也有一份，筆記未改，督學查到，校長照樣要挨監督不週的官腔。何況校長不會每一節課去看教師上課。有的上課鈴響了，才去找教具，上課遲到十分鐘無所謂，否則的話，這節課不用教具同樣的上課，效果如何？算打八折吧！這樣一來，吃虧的是學生、是國家、是民族。

現在國民學校縱使不實行三卡制，一般教師還是不敢遲到早退，縱使不記一筆，但是受同事的批評、攻擊，比三卡制更利害。一位教師遲到或曠職半天，這一班的學生得請一位教師代理負責，或校長教導去擔任，因為各人有各人的班級，即便有一二節課閒暇，也得改筆記及辦其他業務，誰願去代課？所以，祇要有良心的教師，有廉恥的教師，誰願遲到？曠職？一方面班級的課業及行政業務終究是自己要辦的，留到晚上加班，亦無加班費可領。一方面增加同事的麻煩，使同事怨聲載道。經常遲到早退的人，一定受全校同事的攻擊、批評，使其無法立足於學校。偶而有遲到或請假半天的，總得有實際必須的事故，才得見諒於同事，還得千拜托萬拜托請求代理一節二節課，無緣無故的離開，有誰願去代課？經常麻煩同事、校長，難道校長還會袒護這樣的教師而不向上級呈報嗎？所以國民學校即使有一二位教師，經常遲到早退曠職等？很快會清除出來的。當然中上學校的教師們在外兼課的機會更多，實際情形，筆者不甚明瞭。祇提出國民學校實行三卡制的情形，可能會發生弊多於利的後果。

因此筆者建議當局，學校不應實行三卡制。一方面表示尊師重道。一方面同情（了解）教師的工作不是每天按時上班下班算完畢的。職低言微，可能不致有何效果，祇是筆者一點感想而已！

教育輔導月刊十八卷第六期

我們的「事務校長」

「老王，今天半放假了！」這是李老師早上和我見面時說的第一句話。這就是說，校長又出差去了。

我們的校長，每月出差，總有十天至十五天之多，一個月上課二十五天，起碼二分之一的時間不在學校。當然，出差總是有事情的，如送薪水清冊、實物清冊，會計報表、領薪水、領辦公費、領實物價款，這是固定的出差工作，另外就是送公文，購置用品，也是校長的事情，碰上教育科召集開會一次二天，或什麼觀摩會等，每月出差總在十天以上。遇到上述工作有時被其他老師代勞，那末校長出差的理由，謂之接洽校務，一個月的出差天數，仍然要湊夠這麼多天。所以，我們稱校長的職責是管理事務的，故又有「事務校長」之稱，因為這些工作都是屬於事務性質的呀！

雖然校長出差那天，有教導主任在校處理校務，但是，教導主任總是教導主任。因為教導主任對校長出差次數之多，與教員有同樣的感覺。校長出差賺錢，我們在學校輕鬆輕鬆，這好像是理所當然。

我不知道現在的教育法令，有沒有規定校長的職責？有的話，應該是管理學校校務，及推行各項校務計劃。那些屬於事務性質的工作，是否屬於校長的職責？必須校長親自去做，我頗懷疑。現在中型的學校組織，大都分為教務、訓導、總務三部。對教務及訓導二部的工作，有點像分層負責，均由該各部股親自去做。但是對總務部，除了公文報表由總務部主任及各股負責之外。凡是有錢的工作，都是校長一把抓，由三聯單的收費、辦公費、及營養午餐的副食費，都要勞駕校長親口開支，祇要校長拿單據來了，承辦人照付不誤，管他該與不該。大至一萬數千元的代辦費，小至三五元開會時吃糖果的錢。有單據的，當然報銷不誤，沒有單據的，由校長記帳。所以一個學期下來，需要報銷的，單據一張不少，全部報銷完畢，不需要報銷的，在學期末的檢討會上，由校長口頭報告一下「收支相符。」附帶說明：「各位老師對經費有疑問的，會後到校長室來

查詢。」我的天，有那一位老師的膽子這麼大，敢查校長的帳，除非你吃了老虎膽。

談到經費問題，是的，學校也有經濟稽核委員會的組織，每學年度開始，在校務會議上，照例由各位老師推選三人組織委員會。其實，這不過是例行公事，可能要向上級呈報，不得不推選三人。據一位資深的同仁說：當了五年的經費稽核委員，從未開過一次會。所以，我們也深深佩服校長能力之強，有一學期二次的督學視導，竟然也會不聞不問。因為其他工作應付上級，起碼也得做成假紀錄，若有其事的給上級看。可是經費稽核委員會，連假紀錄也沒有一次。奇怪每學期二次視導表上，也並未出現這一缺點。假如其他什麼會議缺少紀錄，視導表上的一般缺點是會記上一條的。所以，校長應付上級能力之強，不由得使人欽佩得五體投地。

但是，我們這十幾位在校長面前，是屬於敢怒不敢言的一類。祇要校長一出差，辦公室就開起經費稽核委員會來了，除了主辦人，其餘都是委員，（連教導在內）發言之熱烈，真是比美立法院審查總預算案。不過會而不議，議而不決，也沒有發言紀錄，真正做到在會議裏發言，對內對外不負責任。雖然議而不決，但是結論還是有的，就是：「校長管錢，老師管閒。」所以，校長與老師各取所需，皆大歡喜。

我記得，古人曾說過：「身正不令而行，身不正，雖令不行。」所以一個單位的主管，自身不正，推行工作，則困難重重。否則，誰敢不聽？有時同仁做不該做的事，另外的同仁規勸：「這樣被校長知道了不大好吧！」回答的是：「怕什麼？校長本身的缺點比我們多而且大呢？」可見俗語說得對：「不要錢的人，鬼都怕。」相反的，要錢的人，連鬼都不怕，何況是人？我誠懇的寄語有「事務校長」頭銜的校長，及時回頭吧！將來準備當校長諸先生，提高警覺，免得又掛上「事務校長」的頭銜吧！

教育輔導月刊十八卷十期

國民教育的死角──國小分校

目前教育當局的革新，祇是從大的方面著手，小的方面，則無暇顧及。在都市的學校，求其盡善盡美，偏遠地區的學校，任其停滯不進。

都市的學校，除了校舍建築，美侖美奐之外，更求設備的充實。員額的編制盡量調整至飽和，學校經費本來夠充裕，還有不斷的補助。有了舊的設備，還要汰舊換新。所以學生的程度，也像樓梯一樣，院轄市比省轄市高，省轄市比縣轄市高，縣轄市比鄉鎮高，鄉鎮比鄉村高，平地鄉村又比偏遠地區高，偏遠地區的校本部，又比偏遠地區的分校或分班高。構成這種樓梯般的學生程度，不外乎經費問題。經費最充裕的臺北市，無論在人員的編制上，學校的設備上，均較臺灣省為優。至於偏遠地區的分校或分班，人員編制既不足，學校設備更談不上。所以，學生程度低落是必然的現象。何況還有家庭因素，社會環境……因素。茲將分校的情形說明如下：

一、編制方面：在交通困難，學區不夠條件獨立的學校，在三班以下的，設立分校。以臺灣省目前的編制，每班一・二人計算，三班應有三・六人、二班有二・四人。但是分校的編制員額，是與校本部合併計算的。例如：校本部三班，分校也是三班，合併為六班，六班的學校，除校長外，共計七・二人，以四捨五入計算，政府祇有派七位教員。其中一位教員兼教導主任，實際上有六位教員，校本部三班三位教員，連校長及教導主任有五位，分校三班，也祇有三位教員，其中一位兼分校主任。所以，分校主任實際上，也是一位級任導師，不過增加分校主任對內對外的一些事務工作。假如五班的學校，校本部三班，分校二班，政府祇能派六位教員，校本部三班，應有三・六人。分校二班二・四人，以四捨五入計算，校本部除校長外，仍有四位，三班三位級任導師，仍然有一位擔任科任。分校二班，祇有二位，分校主任仍然是擔一班的級任導師，及對內對外的一切事務。所以，分校主任不過是名譽上的分校主任，實際上不如校本部的科任教員。這樣的分校主任，對校內的教學，無能為力的監督，對校內的事務，無法做到盡如理想，對校外的事務，則常影響自己班級的教學。

二、設備方面：因為在偏遠地區，而且學區小，家庭環境亦不富有，想家長捐獻興學，根本不可能。政府所撥的經費，本來是有限的，校本部為了綜管全校的業務，經費支出稍大為由，竟扣發一部份。所以，分校的經費真是微乎其微，分校的設備，除了教室及課桌椅黑板之外，可說一無所有，教師教學只好紙上談兵。

三、教學方面：在分校的編制下，不管三班也好，二班也好，反正每人帶一班或二班（複式教學）。因交通不便，校長及督學一學期無法前來一次，分校的教育真正成為不折不扣的良心教育。雖然有分校主任負責監督，但是分校主任仍是一班的導師。分校主任明知某一教員馬馬虎虎，某一方面不太像話，縱使分校主任有責任心，有勇氣去勸導他，可是在偏遠地區服務的教員，因平日的娛樂缺乏，物質生活的困苦，心情都比較惡劣，很可能頂撞你一句：「你自己班級好在那裡？」即使分校主任很認真，也無法將自己班級做到十全十美的地步，何況分校主任集校內校外事務於一身，根本無法將自己班級做到十全十美的。此時不臉紅耳赤才怪？分校主任雖有權監督教師教學的勤惰，但是此權形同虛設。不過，有良心的教員，認真教學，還是佔多數。拖時間過日子，到時請調一走了之的，不能說沒有。一個班級，一年二年的馬虎下去，以

後接棒的人，無論怎樣的認真，也沒有辦法將學生的程度提高。

四、家庭方面：在偏遠地區的家庭，大多是以農漁為業的家庭。對教育重要的觀念非常淡薄。所以家庭教育可說是沒有。而且沒有電燈的設備，談什麼家庭作業？尤其學生的出席，完全視其家庭工作忙碌與否，就是孔老夫子化身的教員，對於學生程度的提高，也是無能為力，何況所有的教員都是普普通通的師範畢業生呢？

如今，社會上「錦上添花」的多，「雪中送炭」的少。政府機關對學校經費的補助，亦有「錦上添花」的現象。不是嗎？很多學校，既有水，又有電的設備，仍然補助其經費，購置發電機、電視機、及其他設備。有些學校本來已有科學教具，不過稍為陳舊，乃補助其經費購置新的。這不是「錦上添花」是什麼？有些偏遠的學校，既無水，又無電（離島），任何教具均缺乏，未聞有關當局補助其經費，為其購置發電機及其他設備。因為偏遠地區，既無議員代表在議會呼籲，教員寫文章發表，也因職卑言微，有關當局也是視而不見，聽而不聞。

所以，偏遠地區的分校教育，說是國民教育上的死角，實不為過。

64．8，教育輔導月刊

國小主任生涯三年

還有三個月，就三年了。三年來，也有一千多個日子，在整個生命的歷程上，也不算短的時間啊！

三年來的主任生涯，可說是苦多於甘。既然苦多於甘，為什麼要當主任呢？這個問題，實在很難回答。就像美國的總統職位，忙得要命，卻有那麼多人去參加競選一樣。因為我也是一個十分平凡的人，和一般人沒有兩樣。除了追求溫飽之外，也想在生命史上塗點色彩，那怕是一丁點兒顏色？因我的學識、能力就是如此而已，還能奢求自己的生命火花燦爛奪目嗎？雖然小學的主任是教師上進的第一步，每一位同仁都可爬上去，但是受名額的限制，錄取仍然有限。自己何幸，憑積分入選，趕上「最後一班列車」而參加儲訓，奉派任職迄今，將近三年了。

也許我的主任職與其他大部份的主任稍有不同，因為我是偏遠地區的分校主任。我這分校的位置，是在澎湖縣望安鄉西嶼坪，孤懸臺灣海峽之中，面積不及一平方公里，有三十幾戶人家，人口倒有三百多人。學校本部雖一水之隔，雞犬相聞，但是到了風季，常常在一月半月無法往來一次。

我這個分校主任，是小得無法再小的了（也許是全臺灣最小的了）。我到任的第一年，共有二個班級（隔年招生一次，中、低年級一班、高年級一班。），一位主任，一位教師，一位工友。人事方面，可說單純到極點，可是單純並不安定。自己除了負主任之責外，仍然是一位級任導師。

因為地區偏遠，交通不便，誰也不願來此服務（本學年派了二位暑期部畢業的，不願來此服務也辭職）。即是派來到職的教師，而是無法安於位，也會托人情拉關係設法調走，走不了的，亦是垂頭喪氣，無心教學。也難怪，在這孤島上，吃的方面，有錢買不到，能買的即是一般的魚、肉罐頭，價錢又比馬公貴上三分之一，除了去馬公一次帶一籮筐高麗菜、大白菜、紅蘿蔔回來，維持十天八天之外，其他則一概免談。肉類嗎，有機會的，一月半月可能嘗到一次。有時候連腐爛的高麗菜也沒有，魚肉罐頭也買不到之時，祇有領導教師到海邊檢螺螄。此情此景，不但年青的教師滿腹牢騷，自己何常沒有？不過立場不同，祇有安慰他們，以後多買一點可儲藏的菜來。或是說些笑話，說是我們真的是枵腹從公，比之孔夫子也不遜色呀！逗得大家一陣大笑。不這樣，怎麼辦？在這汪洋大海，沒有漁船航行，祇有望著馬公興嘆。

住嘛，我剛來時，大家住在一間破爛不堪的危險教室裡，強勁的北風夾著泥沙紛紛落下，屋頂隨時有塌下來的可能。睡在裡面，誰不提心吊膽？所以，經常在狂風暴雨之夜，我以緊急之措施，從他們睡夢中叫醒，捲起舖蓋往教室裡跑，以防萬一。因為我有責任，也有這份義務，責任方面，我是主任，義務方面，我的年齡比他們大，應該照顧他們的安全。為了消除這種恐懼，我仍然將有限的經費，將一間教室隔出三分之一，一半作辦公廳，擺上辦公桌椅，掛上圖表標語。另一半，作為我們住的地方。

康樂方面，不但村莊沒有，學校同樣缺乏。所以，第一年，我購置一些象棋圍棋跳棋之類，第二年，上級發下一張乒乓球桌。在課餘飯後和同仁下盤棋、打場球，也算是勉強的打發時間。

唯有行的問題，最使我們頭痛，坐一次船，我們都會嘔吐得要命，頭昏三天還不能恢復正常。在這種情形之下，如要購買生活必需品，像油鹽柴米，學校用具……，往馬公一趟，就得十天半月才能趕回來。因為無固定交通船，祇有搭漁船往返，尤其在冬季，北風強勁，漁船往返極少，以致在第一年，學校經常只有一位教師。引起家長強烈的反感。這又怎麼能怪家長呢？望子成龍，想女成鳳，這是理所當然。但是，有的教師受了家長的冷落或刺激，以怠教作為報復。

我雖有主任的頭銜，但卻不如其他學校的一位導師。我除了自己的班級外，有時還要負責另外一班，除了教學以外，更要做一般的事務工作；要做木工，課桌椅壞了要自己去釘，要做水泥工，地面壞了要自己去補，玻璃破了要自己去換，沒有油、鹽、柴、米，要自己去設法，各種慶典活動，要在學校佈置，村莊裡有婚喪喜慶，自己要去參加，村裡開會要去列席，縣政府鄉公所有人來，要自

己去接待。集校內校外的事務於一身。雖然有些事情可以請教師去做，但是有些事情，他們無法代勞。

有時遇到個性倔強的教師，輔導他們教學，根本不願接受，依然我行我素。大部份教師，都是高中高職剛畢業，自己還是一個大小孩子，對於學生的生活常規，一點也不懂得去訓練學生，叫他輪值導護。也不知導護該做些什麼。經費的收入與支出，也得一項一項的指導他。

他們都是年青氣盛，對於處理學生的糾紛，有時一時衝動，體罰了學生，家長找到學校來，理直氣壯的來理論，我也不能不袒護教師，但也不能得罪家長，祇有婉言解釋，委屈求全，不要鬧事。尤其這些家長，知識程度又低，說出來的話又很粗野，真是感到又好氣、又好笑。所以我經常記著彌勒佛的一對聯語：「大肚能容，容天下難容之事；笑口常開，笑世上可笑之人。」因為有的事情必須容忍，有的事情祇好一笑置之。

第二年，我報准增加了一班，也就多了一位教師，多增建了一間教室。這一年派來的教師，都是高中（職）剛畢業的，他們到這裡來當代課教師，也是臨時來客串的性質，遇有好的就業機會，一走了之。所以有一個班級，在這二年之中，竟換了六位教師。憑良心說，他們就是孔夫子化身，也無法將學生的程度提高呀！何況，他們不是學師範的，而是普通高中（職）畢業生呢？

在這裡增建一間教室，也添了我不少的麻煩。本來是可以在風季來臨之前建好，乃因高馬線的大東輪沉沒，興建教室的鋼筋水泥全部落海，商人一拖再拖，竟在第二學期結束時才完工。興建教室期間，包商一切事都來拜託我，他來興建教室，站在道義上可不理他嗎？沒有小工要替他去請，沒有沙子（本島連細沙都沒有，所以，我叫學生挖了一個沙坑，至今仍是一個坑在那裡。），要為他請人到別的島上去運來，鋼筋運來掉到海裡（因為沒有碼頭），要請人為他撈起來，沒有錢發工資，要替他設法週轉……。最困難之事，莫過於那天灌屋頂，請來二十多位工人，灌了一半，工作不如包商的理想，他發一頓脾氣，二十多位工人，罷工不幹，半天的工資也情願不要了。水泥頂不一氣灌成，那怎麼行？在這

骨節眼上，事情雖是包商的，但是教室終究是學校的呀！豈可袖手旁觀？於是，利用一個下午，再到深夜，總算再請到了工人，第二天將屋頂灌好。為了這間教室，我化了太多的心血，弄得精疲力竭，總算在學期結束時完工。

與家長相處時間稍久，慢慢的由反感轉變為友善。因為經常與他們接觸，將學校的困難，環境的特殊。慢慢的使他了解，家長到了學校，請他們在辦公室坐一坐，喝杯水，抽支烟，聊上一陣。將學校的經費，盡量添置一點必須的教具用具。將教室的走廊上，繪置全國全省全縣的地圖，寫上標語，該油漆的地方，油漆一番，將環境整理得乾乾淨淨，總算像個學校的樣子了。

快三年了，我在這島上，一月半月吃不到一次肉，不但物質生活苦，就是精神食糧報紙雜誌，也是一月半月才能到達一次，所謂新聞，我們祇是當歷史來看啊！快三年了，每當夜晚來臨，一支臘燭，發出黯淡的光，我們就在這黯淡的燭光下，看書、聊天、下棋……。在風季的日子，整個夜晚無法成眠，狂風怒號，海浪滔天，豈止像萬馬奔騰？簡直像是反攻聖戰的開始啊！（因為學校離海邊不到廿公尺。）快三年了，苦的事情，真是罄竹難書。更有精神上的苦，如疾病的恐懼，思念家人……。更是非筆墨所能形容。

風季過去了，我會領導教師工友開地種菜，輪流澆水，一簇簇的小白菜、空心菜長起來，既嫩且鮮。遇到退大潮時，大家下海檢螺螄佐餐，閑暇時，我們在海邊拾貝殼……。

天氣晴朗時，早上看旭日東升，傍晚看夕陽殘照。有時波平如鏡，有時海浪滔天……。那景色，即使是名作家也描寫不出，名畫家何嘗能描繪得像？這美感的享受，這三年來我得到不少。

有時漁民出海捕魚，或是撿拾紫菜歸來，他們要將舢板拖上海灘時，我帶幾個學生助他們一臂之力，他們會大大方方的送一條魚給我，或是一包紫菜，他們不計較金錢的多少，這種濃厚的人情味，住在都市裡的人，恐怕不易享受到吧！

有時學生檢到一枚貝殼，不管多麼漂亮，他們毫不吝嗇的會送給我。有的家長，出海打珊瑚回來，不管珊瑚多麼名貴，也會高高興興的送一棵給我。在都市

裡，貝殼、珊瑚、魚、紫菜……，都是新臺幣啊！有誰願意輕易的送人？所以，我家客廳裡，有貝殼裝飾的小擺設，玻璃框內有整棵的小珊瑚……。這都是我三年來的收獲啊，教育局的督學，每學年第二學期到校視導一次，也是因為交通問題，來去匆匆。雖然知道我們辦的教育離理想十分的遙遠，但是也很了解我們這偏遠地區的條件十分的差。所以，每次來校視導，總是慰勉多於責備，也使我們服務這偏遠地區的人感到值得欣慰之事。

其實，我也是想將這孤島上的教育辦好，祇是「巧婦難為無米之炊」。

我認為下列幾點，值得有關當局參考的：

第一：編制十分不合理，既然分校派主任來負責，就該多派一位教師，免得主任又兼級任導師，忙裡忙外，怎麼能夠將學校辦好？將學生程度提高？

第二：分校經費既然獨立，就該規定辦公費每月多少，修建設備費每學年多少？直接撥發分校。目前的情形，辦公費及修建設備費，校本部高興給多少，就給多少。寄人籬下的情況，我想誰都了解的。

第三：正式教師不願來偏遠地區服務，派代課的，最好能派至學年終了，並給予一至二週的講習，讓其知道一點學校的規矩及工作範圍，並給予適當的約束其服務時間，以免學期中教師換來換去，影響教學效果，學生程度才能提高。

第四：增加偏遠地區待遇，所謂重賞之下，必有勇夫。目前的偏遠地區加給，並不能補償偏遠地區高物價的損失。尤其目前的偏遠地區的加給，分為簡、荐、委的等級，很不符合實際，因為在偏遠地區服務的都是年青人多，荐任不過是校長、主任之流，簡任官不會有，等於虛設？

第五：給予適當的鼓勵，如服務多少年，沒有什麼過失或污點的話，給予記功嘉獎之獎勵。如已成家，優先貸款建屋等（這一點非常誘惑）。

第六：精神上給予保障，如遇有疾病，如何協助就醫？家屬住在市區，如何去照顧？使服務偏遠地區的人，能解除生命安全的威脅並無後顧之憂。

偏遠地區教師需要鼓勵，由一事可以證明。如近年來，於每年教師節發給教師一封慰問函，並贈送每人派克鋼筆一支，雖是一支鋼筆，所值無幾，但是那

支筆給我們多少的溫情與慰藉。那封信，給我們的鼓舞與勉勵，又使我們多麼的高興。那天當我們接到廳長的慰問函及鋼筆之時，一位教師對我說：「主任！你看廳長都說我們了不起，還非常欽佩我們呢？」由這句話可以看出，我們服務偏遠地區的人，多麼需要關懷與鼓勵啊！一個人縱使有滿腹牢騷，此事亦會化為烏有。

三年來的主任生涯，雖然苦多甘少，但是，在這三年之中，我學會了許多過去不會的。最使我終身受益不盡的，則是學會了「容忍」。不管是同事的胡鬧，或是家長的無理，現在我都會心平氣和的來處理。這是我三年來最大的收獲。

64．6，教育輔導月刊

我向電視公司控訴

電視公司雖然沒有殺傷我的學生，但是，我的學生確實因電視公司而受傷。所以，我要向電視公司控訴。

電視公司的節目製作人，為什麼這樣喜歡製作武俠連續劇？是武俠人才太擠？抑或其他方面缺乏人才？我們知道，電視是現代傳播工具最現代化的，而且效果也是最大的。電視節目水準高，全國民眾同蒙其益，節目內容低，全國民眾同蒙其害。所謂：「染於蒼則蒼，染於黃則黃……。」現在台灣有百萬部電視機，觀看電視的人，沒有千萬，也差不了多少。成人對節目內容好壞，看過之後，尚能評斷，兒童觀後，則趨於摹仿。為了「國家未來主人翁」的利益，以及全國民眾的心理衛生，我盼望提高節目製作水準。因為社會上歷史上，可歌可泣的故事實在太多，好人好事的事蹟也是不少，人性善良的表揚，社會溫情的發揮，政府的德政，百姓的獲益，共匪的邪惡，國軍的壯大……。製作節目的材料，可說汗牛充棟，為什麼電視台偏偏喜歡又打又殺的武俠連續劇？以收視率頗高的《保鑣》來說吧！我認為一無是處。對白拖泥帶水，謀殺時間，糊糊塗塗，胡鬧一陣，而且出現不少名義上遊走江湖，愛管閑事，實際上是無業遊民，而且不斷的製造仇恨，製造殺機……。

最近本校發生學生受傷的意外事件，歸根結底的原因，責任是在電視公司，不在我們教師身上。事情的發生是這樣的：課外活動時間，學生打球，將玻璃窗打破，當然教師命學生將碎玻璃撿掉，以免學生受到意外的創傷。誰知該生撿起一塊長而尖的玻璃，握在手中，不立即去丟掉，卻拿在手裡當劍揮武，擺好架勢，在原地轉二圈，向左邊一刺，「說時遲，那時快。」一刺到走近身旁的一名同學，由胸前下方，直通肝臟。使學校忙亂一陣——急救。然後通知家長送醫開刀，花了數萬元，算是挽回了一條小生命。事後學校調查發生原因，該生坦白自訴說：是學電視××人的××劍法。因為同學之間，無怨無仇，當然沒有蓄意傷人之嫌，祇是屬於意外而已！難道這是屬於教師教導無方嗎？

反觀現在街頭巷尾，城鎮鄉村，多少兒童備有一枝劍，家庭環境好的，購置有玩具劍，家庭環境差的，也有自製之劍，(一塊竹片或是一枝樹枝。)閑來無事，大殺一陣。客廳也好，門前亦可，皆是比武之地。舍下四位兒女，常分二派，殺得天昏地暗。有時老二與鄰居鬪劍，老大以×劍自居，跑來插上一手，管起閑事來，我看到如此這般情景，真是心驚胆戰，萬一傷到眼睛或其他部位，不亦哀哉呼。所以，本人下達「命令」，全家大小不准看武俠連續劇。

這篇短文，我為我的學生向電視公司控訴。盼望電視公司趕快懸崖勒馬，不再製作武俠連續劇。多製作如《母親》、如《海燕》、如《開國前後》等有意義的連續劇。就是我的學生受傷，家長花錢，換來的是高水準，健康的電視節目，對國家、對社會、對下一代，獲益非淺，那也是值得的。

亞洲評論，六十三年農曆十二月二十八日

動手為清潔之本

青年守則有「整齊為強身之本」一條，我認為應擴充為國民守則，以符合當前的趨勢。

現在一般國民雖有愛整潔之心，但是對髒亂的清除卻不積極，這是因為「君子動口不動手」之故。例如，每一機關裏有工友，那麼這個機關消除髒亂的責任，就完全委之於工友，其他職員就覺得事不關己了。公司商號的髒亂，委之於店員，老闆股東動口不動手。學校的髒亂由學生和校工負責，教師是動口不動手。有些家庭的髒亂委之於用人或子女，主人或父母動口不動手。動口的人看見了髒亂自己不去動手，卻去指揮別人，或者當時找不到人，過後也就忘得一乾二淨，以致髒亂依舊存在。

省府謝主席消除髒亂，登高一呼，整個社會響應，報紙廣播大聲疾呼，機關學校開會研討，訂定各種方案，研擬各種辦法，似有決心要讓台灣地區成為世界美麗花園的理想，真是一樁大事情，比之十大建設，有同樣的重要。因為十大建設是促進經濟發展，使國家進入「開發」境界，消除髒亂是使國家現代化。

各種消除髒亂的方法，最重要的莫過於糾正國人「動口不動手」的習慣，消除髒亂要動手，其次才是持之有恆。

我服務的學校，在班級內應有的整潔區域裏，發現有髒亂的情形，馬上自己動手，學生看見老師動手，有的立刻來幫忙，有的張目四望，看看其他地方還有髒亂的話就下手整理，所以能夠經常保持不髒亂。在家裏，發現髒亂的情形立刻整理，子女看見父母動手，也就去尋找髒亂的地方打掃，所以舍下始終保持整潔。有時我在門外整理髒亂，鄰居看見了，也立刻把他們住宅範圍弄清爽。這樣人人動手，家家整潔，持之以恆，還怕髒亂不會消滅嗎？

所以要永久消除髒亂，比賽、處罰等等，都比不上先養成國人勤勞動手的習慣，持之有恆，一年半載以後，習慣成自然，髒亂就不存在了。

最後，我希望電視公司，每一節目，插播一次人人勤於動手消滅髒亂的宣傳

（講播詞要動聽，不要像商人賣藥的廣告）。這種宣傳應當不要錢，因為消除髒亂，人人有責，電視公司既然是傳播機構，當然有責任作消除髒亂的宣傳。能這樣努力下去，讓臺灣地區成為世界美麗的花園，當可拭目以待。

64·2·10，國語日報

自編百科全書

春節前，家裏照例要舉行大掃除。

那天早上，我首先整理儲藏室，把一年來的國語日報取出，放在客廳裏一大堆。妻說：「整理好拿去賣，或者拿出去燒掉算了。」我毫不考慮的說：「不行」。於是我吩咐我那四個蘿蔔頭，把報紙的副刊，統統給我清理出來。大家七手八腳，花了一個多小時，把副刊檢出，堆了一堆高高的。然後老二說：「爸爸這些拿出去燒了吧！」我望著滿地零亂的報紙，隨手拾起一張，左翻右翻，正在考慮這些正版是否有保留的價值，忽然「語文周刊」四個字映入眼簾，於是，腦海裏立刻想到這是一份很好的語文資料，燒掉豈不可惜？再撿起幾張來看看，有的是兒童文學，這也是很寶貴的討論兒童文學的資料哇！再看有史地版，有的介紹各國的政治、經濟、風土、人情……，有的介紹歷代偉人事蹟……，也是很好的東西。老二也拾起一張體育版來看，叫著：「爸爸，這裏有教打桌球的。」再來就是科學版、國民教育、時事一週，這張看看，那張瞧瞧，一張也不能燒掉。

面對著滿地的報紙，心裏有一種擁有甚麼的感覺，所以，又吩咐四個小傢伙，幫我把兒童文學、體育、國民教育、史地、語文周刊、科學、時事一週，分門別類的整理出來。然後再整理日期，首先每個月份，分為一疊，再就每個月的日期先後依次排列。

找來繩子錐子，分門別類的裝訂。副刊三個月的分量裝訂一本，其他專題，各別裝訂成本。花了半天的工夫，洋洋大觀的十二巨冊的「國語日報分類合訂本」擺在眼前。妻在廚房叫：「老爺子，好了沒有？吃飯了吧！」我回答說：「好了，你看我們的工作效率，比甚麼編輯部都要高，半天時間，我們不但編好十二冊百科全書，而且裝訂好了呢。」大家得意洋洋的走向餐廳。

春節過後，全家出外拜訪親友，郊遊、看熱鬧……三天的時間過去了。於是，全家人沒有事的時候，每人手捧一大本國語日報，有的看「小亨利」，有的看「我的作品」，有的看「少年版」。妻喜歡看「家庭版」，我呢？每一版我都喜歡，「時事一週」雖是明日黃花，但是仍有溫故知新的感覺。其他各版，或因當天工作忙碌無暇閱讀，或者其他原因，但是在假期裏，拾起重讀，真是獲益不少啊！

花費半天的時間，比花幾百元買部書好得多了。因為春節前，我花不少錢買了一部「大書」，或許孩子還小的緣故，對它並沒有很大的興趣，還不如不花錢的舊國語日報，各取所需，各好其好。

妻對「家庭版」的專欄，特別偏愛，雖然大部分已經看過，但是偶爾讀到一篇沒看過的，會大驚小怪的說：「這張報紙我怎麼沒有看過呢？」

老大翻到有關各種紀念日的特刊時，也感嘆地說：「啊！這裏有好多參考資料。」像在寶山發現了寶藏。

老二很久以前，就想要買一本像許老師那本「桌球教練」的書，現在他發現有關這方面的文章，正聚精會神地閱讀。

老三發現有關保密防諜的文章，也很高興的大叫：「爸爸，這裏有好多像去

年保防作文比賽的文章。」

老么，靜靜地在看小亨利，一張一張的翻，像是走入忘我的境界。

想起過去的一段日子，東搬西遷，把多少寶貴資料當垃圾。我仍然要把國語日報一張張的留存起來，每年整理一次，好好的裝訂起來，直到永遠，說不定會成為傳家之寶呢。

66・4・16，國語日報

喝酒三原則

喝酒的心情和形態千奇百怪，真是多如牛毛。有的對酒當歌，慨嘆人生幾何！有的借酒澆愁，結果愁更愁，有的達到知己認為千杯少，有的酒醉心明白，有的酒後吐真言，有的借酒裝瘋，有的藉酒助興，有的喝酒上癮，有的嗜酒如命……。

我活了半百，喝酒的歷史，自會喝酒到今天，大概有三十年了吧！不過到今天還沒上癮，更不會借酒裝瘋，嗜酒如命。在這不算短的三十年當中，不知和多少親朋好友喝過多少次的酒，而那些喝酒後千奇百怪的情形，也大都遇到過。

在我的喝酒經驗裏，酗酒，不是乾杯與不乾杯的原因。有些人自斟自酌，也喝的酩酊大醉。有些人在大庭廣眾的餐會上，敬酒、猜拳、打通關，連喝百杯（啤酒）也臉不改色。所以，我認為喝酒不致酗酒，該注意的原則有下列三點：

（一）不逞強好勝的原則：我們在餐會上最常見的是聽到有人說「某兄，

我敬你一杯。」不管別人有沒有這份酒量，自己先乾為敬。被敬的人酒量好，當然對乾一杯，遇到酒量差的人，不肯乾杯時，就會用激將法「某兄，看不起人嘛。」「太沒有意思嘛。」「裝老總嘛。」「不像我的同學（同事……）嘛。」以及其他讓人無法忍受的言詞來刺激對方乾杯。如遇到休養好的，既不逞強，也不好勝，認為自己酒量不行，任憑他如何激將，仍然穩如泰山，不乾杯就是不乾杯，如何能達到酗酒的程度？如遇到休養不夠的，既逞強，又好勝，雖然知道自己的酒量不好，但是這口氣難忍，於是「好！你敬我一杯，我乾掉。」說是捨命陪君子。為了逞強好勝，搬回面子，還得回敬一杯。於是，你來我往的敬酒，乾杯，甚至有人從中鼓勵、挑撥、誇獎、稱讚……。直至爛醉如泥，酗酒的怪現象就出現了。

我有幾位同事，確是修養到家，既不逞強，也不好勝，每次在餐會上，不管別人如何用尖銳的言語刺激，不喝酒就是不喝酒，當然更不乾杯。

（二）不自我誇耀的原則：中年以上的人，都經過年輕的階段。在年輕氣盛的時候，有五分的酒量，可以喝到八分，也不致於酗酒。到了中年以上，酒量就一年不如一年，明知自己有九分的酒量，可能喝到八分就達酗酒的程度。可是就有人不服老，在聚餐的酒席上，常常自我誇耀，想當年如何如何的乾杯。於是就成為別人敬酒的目標，猜拳的對象，你一杯，他一杯，直到醉倒下去，還是不服氣，口中仍然念念有詞：「我沒有醉，再來一杯。」勸他不要騎車子，硬說沒有關係。酒醉的人，雖然心裡明白，走路要小心，開車要慢一點，可是手腳就是不聽指揮，走起路來，東倒西歪，騎車子的竟到達九泉之下。我有一位朋友，就是在這種情形之下騎車回家而喪生。我們幾位和他乾杯的朋友，一談起這位故友，每人心中都感到內疚。

假如能認識自己，知道歲月不饒人，就不會想當年了，怎會有酗酒的事？

（三）不喝悶酒的原則：一個人如果情緒不好，喝悶酒的話，必定「借酒澆愁愁更愁」。記得有一次挨了官腔，心裡好不舒服，就獨自一個人喝酒去。自己知道平常有半打啤酒的量，可是那天兩瓶都沒有喝完，就喝醉了。

假如有三五好友在一起喝酒，確有「酒逢知己千杯少」的感覺。尤其闊別多年老友相逢在一起，在酒酣耳熱之際，談到離情別緒，各人得失，娓娓道來，好不快樂。談論世局，慷慨陳詞，語語驚人，哪裡還會喝醉？這種情緒與酒的關係，實在微妙。我想，會喝酒的人，必有這些經驗。

國語日報辭典上對「酗酒」的解釋是：指飲酒沒有節制而過量。根據以上三項原則的喝酒，我這幾年來，都沒達到酗酒的程度。何況適當的喝酒，證明對身體健康有益。而且朋友之間如有誤會，在酒後吐真言的情形下，也會盡棄前嫌，在熱鬧場合喝點酒，更能提高興趣。所以，我不贊成不乾杯運動，不過對於借酒裝瘋，借酒澆愁，喝酒成癮，嗜酒如命的人，我仍然非常的痛恨。

69・3・21，國語日報

喝茶憶往

我的故鄉是在贛南邊區的古老山城。一般人都是幾代安居在那裏，靜如止水，非常安適。一個人走出山城百里以上，就算是出遠門了。多少保守的婦人，一輩子苦守著古老的宅子，難得出遠門一次。

我念初中的時候，要離鄉背井到百里以外的地方去。那時的交通，沒有現在臺灣這樣的發達，雖然百里之遙，也得披星戴月，朝發夕才至。這一條路，都是翻山越嶺的羊腸鳥道，每年我都要走好幾趟。最使我難以懷念的，是一路上開設的茶攤。

這種茶攤每隔十里八里就有一座，不是供人消遣品茗，而是專為過往行人歇腳解渴的。茶攤的位置都是選擇在小河邊的大樹蔭下，或在半山區的樹竹叢中，或在山頂的亭子裏（那種亭子，是附近善士捐錢興建的，就叫茶亭）。反正有茶攤的地方，都是清風習習，涼爽無比。行人休息其間，感到無限的愉快。

茶攤的老板都年老自耕農退休的人，閑來無事，經營此業解悶兒，賺錢與否無所謂。他們知道過往行人，都是來去匆匆的，所以每天早上都預先在茶碗裏放上茶葉，先用一點點開水，把茶葉泡開，待行人一到，如需喝茶，用開水一沖，茶就當時可喝。不必像普通泡茶，要等待一段時刻。假如有五六個人以上，就不是一人一碗，而是泡上一壺。用陶製的茶壺，樸實美觀，每人一個茶杯，由晚輩執壺，從長到幼輪流倒。大家飲到不渴為止，雖然一沖再沖，老人絕不嫌麻煩。茶葉的好壞也沒有人注意，反正就是那一種（大概是香片吧），別無選擇。

假如有的行人，因貧困或節省不泡茶的，茶攤裏另外備有一桶免費茶。不過如果客人多的時候，飲免費茶的人，不能佔用桌椅。

所以在天氣炎熱，行路疲倦時，走到茶攤上一坐，陣陣清風吹來，一盅盅的熱茶飲下去，真是生津解渴，暑氣全消。片刻之間，疲勞盡去，精神抖擻的繼續前進。這種喝茶的滋味，如今回憶起來，真是趣味無窮。

那時候，一般家庭飲的茶都是自己在山中採擷野生野長的粗大茶葉，晒乾後，在鍋裡炒一下，就儲存備用。大家庭用大茶壺泡一壺，一家人飲用。招待客人就用購買的鐵觀音、香片等茶葉，以示崇敬。

自從共匪叛亂別離家鄉後，走到廣州市，曾經跟同事去喝過茶。那種喝茶方式，不是為了解渴，而是為了吃點心，是一種豪華的享受。

來臺後，有段時期，茶館到處林立，我也去光顧過。那是專為消遣而飲茶，三五好友到茶館一坐，每人泡上一杯，花生瓜子兩盤，然後開始談天、下棋、打百分等，消磨個半天，也可以算是休閑的好去處。

近幾年來，我在外島服務，喝的井水都是鹹鹹的，泡上茶葉才能使鹹味全消。所以我都是上午泡一杯茶，下午又泡一杯，長年累月的，已養成喝茶習慣。至於茶葉的好壞我卻不大注重。幾年來，什麼茶葉我都買過，我認為還是香片好，因為香片泡出來，未喝之前，就可以聞到一股芬芳撲鼻的香味。

我家裏每年都要買不少茶葉，因為全家大小都喜歡喝茶。這是受了我的影響？還是他們也體會出茶的味道呢？茶葉雖含有各種維生素，但是分量不會太多。我認為茶的最大功效是提神解渴。一個人在三更半夜看書寫字感到疲疺時，飲下一杯濃茶，立刻會精神振奮，睡意全消。

64．7．19，國語日報

特權橫行，立法院彷彿租界

我們中華民國的立法院，很像過去滿清時代在上海的外國租界，我們政府的法律管不到那裡，在那裡面的人，也不必遵守政府的法律。

這次立法院對考試委員及正、副院長行使同意權的投票來看，這些立法委員，就像住在外國租界裡的人一樣的心態，政府的法律管不到他們，他們可以肆無忌憚的，視政府法令如糞土，可以明目張膽的做違法犯紀的事，如選罷法規定的妨礙他人投票、偷窺他人投票、投票時亮票、還有……哪一種行為不是違反選罷法？投票時有監票員、邊上還站有警察呢？

我國實施民主，選舉各級政府官員、民意代表等，幾十年來，選了多少次？其中也有因選舉違法而坐牢者。唯有立法委員，可不必遵守法律，因貪污罪判刑者，可以不要坐牢，因打架傷人者，不會判刑，隨便移用公款違法者，監察院調查數年，亦無下文。

總而言之，「法律之前，人人平等。」只是口號而已。「大人可以放火，小人不可點燈。」這才是最真實的。所謂「一國二制」，由這次立法院的委員投票行使同意權，最明顯不過。

91．6．30，中國時報民意論壇

信義才是立業之本

記得小時候常常唸青年守則，其中一條就是「信義為立業之本」。從小學起，學校老師天天都會講做人要誠實、講話要有信用，學生如果說過幾次謊話被發現，以後對其言行，必定大打折扣。

陳總統就職時所宣示的「四不一沒有」的政策，現在全不算了，做為國家領導人的政策宣示，竟然如此搖擺不定？除非陳水扁總統實施獨裁，不顧憲法的白紙黑字，不顧反對黨的反對，一意孤行，將台灣二千三百萬同胞帶往台獨之路，否則還請陳總統及民進黨的菁英，不要忘記「信義」才是立業之本。

91．8．5，聯合報民意論壇

新浪隊名風波

新浪隊赴大陸發展，因隊名問題，引起不小的風波，政府單位因事赴大陸，常因名稱問題而委屈求全，或拒絕往來，這是國家的事，政府單位可以控制，可以禁止，但是民間團體及個人之事，政府單位也要控制，也得禁止嗎？如台灣同胞赴大陸投資，控制了多少？禁止了多少？而且新浪隊在台灣，政府並未提供其空間及舞台，新浪隊自己找尋出路，政府還為名稱之小事而阻撓，實在無可奈何，名曰：犯恐中症候群症。

90．10．1，聯合報民意論壇

像天上的星星

我是一個沒有房子的低收入戶，常常自我解嘲的說：「有椽只一間，無椽千萬間。」因為我在那裡工作，就在那裡租屋而居。所以我的住處像走馬燈似的不停的變，不自我解嘲又有什麼辦法呢？祖宗留下的房地產在大陸，現在自己的收入又無法購置住宅，盡鑽牛角尖的話，不是「庸人自擾」嗎？

不管怎樣的解嘲，但是無住宅痛苦的事實，卻是活生生的擺在那裡。

興建國宅的計劃，有政府大員擬訂，他們有的曾參觀過香港、新加坡等地的國宅情形，（我在報紙上看到過他們發表的談話）當然比我這小職員懂得多，所以，對興建國宅的計劃，不敢班門弄斧，只是無住宅的痛苦情形，可能比他們多知道一點，所以寫出來供他們參考，讓他們知道國民急需國宅的情形。

我自成家以後，因住在鄉村，新婚的前兩三年，並不覺得住宅的急需，慢慢的子女相繼而來，情況有了一百八十度的轉變，在鄉下租的房子，是一般人家多餘的一間或二間的閒屋，和房東共用客廳和廚房，共用電表、水表，同一門戶進出，所以問題就多了；例如講衛生，以致水就用得多些，晚上看書、寫字講究亮度，以致電用得多些，雖然每月多付一點水電費，仍然會引起房東的閒話，有時買水果給子女吃，但是房東的小孩一大堆圍觀，每人分一點，買得太少就不夠分，不分給他們，不是說我小氣，就是說我看不起他家的小孩子，有時小孩子吵架，不管自己的小孩有理無理，總得先把自己的子女罵一頓，結果自己的子女一天到晚畏畏縮縮的垂頭喪氣，沒有愉快的心情玩耍，我常常暗自的為自己的子女叫屈，有時教訓自己的子女，房東以為我是指桑罵槐，房東的子女弄壞我家的東西，只有啞巴吃黃蓮，不敢責備，把自己的子女打扮漂亮一點，也會遭到忌妒，此情此景還能住下去嗎？

搬到市區，為求住得舒適，開始租的三房一廳，衛生設備齊全，獨門獨戶，不但租金太貴，還時常遭鄰人閑言閑語說：「每月收入多少，誰不清楚？竟敢住這麼貴的房子」，雖然不敢當面指責，但是背後卻在懷疑是不是有不正當的外快？那種鄙視的眼光，比刀刺在心頭還要難過。為了減少租金的支出，又搬到狹小的房子，一間三坪的廚房，兼作餐廳、客廳、讀書寫字之用，可說是發揮了房子的最高效用，有時為了子女讀書，就得停看電視，要看電視，只好犧牲子女讀書的時間，臥室兼儲藏室，書報雜誌一箱一梱的往床舖底下塞，其他家具雖然不多，但是家裡必須的也不能少，有時找一件東西，得翻遍整個臥室，子女不管大小，統統擠在一間臥室，每人分不到一席榻榻米，天氣冷還可過得去，天氣熱的時候，真是無法忍受，只有整夜用電風扇來吹。屋裡想整齊清潔辦不到，想增添擺設，也沒有地方可擺，生活在裡面實在痛苦，所以我還是願意節衣縮食支付高額的房租，好讓子女有讀書的地方，我倆口子也有看電視的機會，和書報雜誌安放的地方。

其次搬家也是最痛苦的事，（小市鎮沒有搬家公司）搬家前一星期，得一項項的整理捆綁好，搬進新居之後，又得一件件的擺開，不是這件東西找不到，就是那件東西不見了，尤其我的書報雜誌，到時候自己想找出來參考的時候，才發

現己經拋棄了，不由得擲筆三嘆！

搬家時得勞師動眾，請親朋好友幫忙，因為大的東西如衣櫃，電視、冰箱等，非三四人搬不動，尤其上車下車，所以每搬一次家，不是這件搬壞，就是那件打粹。

俗話說：「搬三次家就像失一次火」，真是一點兒也不錯。

十幾年來，我和內人節儉得過起碼的生活，想儲蓄一點錢購置住宅，但是儲蓄到差不多可買一塊三十坪地的時候，忽然地皮漲價，只好再等待，可是有限的儲蓄，永遠跟不上房地產的上漲，所以屬於我自己的住宅，像天上的星星，始終離我太遙遠了。

我多麼盼望買國宅像買電視機、電冰箱一樣的分期付款，只要機關首長把大印在合約書上蓋一下，一切「ＯＫ」人先住進去，大部分的錢分十五年還清，那時房子就像手上的「明珠」，而不是天上的星星了。

64．5．8．國語日報

興建住宅記

多年來，上無片瓦之覆，下無立錐之地，拖家帶眷過著寄人籬下的生活，像浮萍一樣。

如今總算是有了自己的住宅，雖然大部份的興建費用是借貸而來，可是自己總感到像生了根一樣，不用東遷西移了。閑來無事，整理這裏，布置那裏，隨心所欲，再也不會受以往那種租別人的房子這裏不能釘釘，那裏不能擺東西的限制了。雖然因置產不得不過著粗茶淡飯的日子，也樂在其中。

為了興建住宅，我和妻籌劃經年，首先得準備資金。由於自己儲蓄有限，就去拜訪朋友，說明借貸來意，有的慷慨應允，有的推三阻四，真是寒天飲雪水，冷暖心裏知道。等到資金籌備妥當後。接著發生一個問題，究竟買現成的呢？還是買地自建呢？經東打聽、西請教的結果是，買現成的可省很多麻煩，但是缺點是不能照自己的理想建築，因此決定自己興建。

自己造屋的先決條件是買地，太大太貴的買不起，太小太偏僻的，又不合意。所以東尋西覓，幾個月後終於找到一塊合適的空地，無論大小，價錢和地點都合我們的意思。買地要辦理轉移手續，為了省錢不請代書，祇好自己去辦。我整整花掉一個寒假時間，才把土地轉移在我太太的名字下。手續之繁，法令之多，非三言兩語能說清楚的，盼望有關機關，好好的檢討，盡量的簡化手續，廢棄無意義的法令（如夫為妻辦理，也得寫代理人，申請印鑑證明等）做到人人能辦的地步。

地購妥後，自己畫好建築藍圖草稿，請建築師設計。等藍圖設計完成後，剛好有教職員福利會辦理長期低利貸款給教師興建住宅，我和妻子十分高興，準備一切必須文件，興致匆匆的跑到教育局登記第一號。到了抽籤那天，才知道粥少僧多，心裏冷了一半，用顫抖的手抓了一個籤號，打開一看，真是萬念俱灰，祇好另作打算。

包商的消息，非常靈通，知道我要興建住宅，今天來一個索取藍圖，明天又來一個看樣本，讓我應接不暇。價錢方面，有的獅子開大口，有的還有良心，我用最低的條件，選擇最便宜的包商。付訂金、簽契約，選擇動土開工的吉日，一切就緒，按照預定計畫進行。工地堆滿了砂、石、鋼筋、紅磚等建材，自己看到這些，心裡真是飄飄欲仙。

人說：「做到老，學到老，一生一世學不了。」真是一點兒都不錯，建房屋方面的許多知識，我現在才算上了第一課。我曾在發包簽約以前，對包商的信譽、生活、品德加以調查，知道這人不嫖不賭，家裏上有父母，下有妻兒，靠他維持生活。而且一般認識他的人對他也無不良的批評。所以簽約後，把自己所有積蓄付給他買材料，發工資，而且他請的水泥工、木工、水電工技術方面都算不錯，讓我感到非常滿意。誰知房子蓋到一半，包商的支票開始退票，接著工資不能發，材料不能繼續買。這時我才知道上當了，所付的錢，已超過所建的程度。過去沒有興建房屋的經驗，現在開始學習建築方面的知識，已經慢了半拍，懊悔莫及。

既然碰上了這種事情，祇有怪自己知識淺陋。這時只好跟包商解除合約，超支部分的錢卻無法追回。假如讓他繼續興建，又不知何年何月才能完工。在這進退兩難的時候，忽然有商人答應賒欠供應建材，自己另籌工資，由包商簽字負責，將來在整個工程費內扣除，這才得繼續把工程勉強完工（可以搬入居住，仍有部份沒完工）。

因為包商在外購買材料所欠的帳無法還清，於是那些商人轉向我要錢，因為付給包商的現金和代購材料等，總計已超出所有工程費用，當然不能再付，結果又被告到法院，這真是無妄之災，一生與人無爭，為自建住宅而吃官司真是始料未及。

為了想自己有棟住宅，節衣縮食，儲蓄一點錢，而且還向親友借貸，總算達到目的。可是其中所受委屈，實在不是局外人所能了解的。像水泥工、木工、水電工的刁難，工作的馬虎，門窗不合規格等，因為錢已超過，無法控制他胡來，只有忍氣吞聲，等他完工。還有水電的申請，建築物的登記等，手續之繁，時間之久，都不是事前所能想像的。

現在我對興建房屋的手續，以及如何控制包商，如何監督工人都懂了一點兒，可是「已經當過新郎」，再沒機會了。如果讀者諸君有意自己興建住宅的話，不妨記住：絕對不能把錢付給他超過所建的工程，那麼一定不會上當。

65．9．14，國語日報

從「萬靈單」說起

我很幸運，一開始進入公教人員行列，就得到了疾病醫療保險的機會（而且還有利益，那是以後的事）。十六年來，雖然每月付出不多，但是獲益卻不少。尤其對我這個低收入者的生命安全，有了保障，在心理上得到最大的慰藉。

俗話說「人無千日好，花無百日紅」，人就是沒有大病，偶然傷風感冒總是難免的。我第一次拿到診療單到醫院去看耳朵的毛病，在耳科看完以後，再到藥房取藥時，一位小姐告訴我說：「再到其他部門去看完後，一起來拿。」我回答不需要看什麼了，那位小姐立刻現出一臉不高興的表情。事後我才知道，一張診療單，可以看內科、外科、耳鼻喉各科，實在是看病的「萬靈單」。那時我服務的機關，離市區較遠，而且大家都是年輕人，誰願意天天去看病？所以那時的「萬靈單」，使用的人少，寄回公保處的多。

不久新調來一位同事，因為他跟醫院的人員有親戚關係，診療單大部份就給他用掉了。從此每月的診療單，就很少有寄回公保處去的。有一次我偶然有事到那位同事的家裏，發現他客廳的壁架上，魚肝油、維他命等，什麼營養品都有。這樣才把診療單能換藥品的秘密揭開。以後診療單一寄到學校，大家爭先搶要，承辦人為了公平起見，每人每月分攤一張或兩張，這辦法一直維持到現在。不過，一張診療單能看百科的使用法，卻好景不常。大概公保處發現醫療機構或者使用人有濫用之嫌，因而改革為每一張診療單只能看一科了，並且對藥品的使用，也加了限制。

這種「萬靈單」的使用法，被少數貪小利的人破壞，但是新的辦法，又給使用人很大的不方便。例如：一點小小的傷風咳嗽，必須一張診療單治傷風（耳鼻喉科），一張診療單治咳嗽（內科），甚至第三張診療單才能痊癒。所以只要患一次小病，平均分配的診療單就不夠用了，有的向同事借，有的向醫院欠（以保險證作抵押）。假如一年到頭連小毛病都沒有的人，他可以在醫院裡先掛號存起來，儲存到一定的張數，就可以掉換一種什麼藥品，像保利他命、保利達……等等。究竟一張診療單。醫院可向公保處領多少錢，我們不知道。我所知道的是一張單子換回來的藥品，只能值二十元，花去掛號費十元，實際所得只有十元。公保處損失多少？醫院獲益多少？這是我們猜不破的謎。

十多年前有一次我的胃不舒服，大夫要我住院檢查。我住進醫院的第二天，做全身的愛克斯光檢查，前面後面，上部下部，凡與消化系統有關的部位，統統都照愛克斯光，不知照了多少張片子。當時，我真感謝大夫診治的詳細。一星期後出院，以後公保處寄來一張醫藥費用清單，需要我蓋章，一看帳目，竟花掉公保處幾千元，相當於那時我三四個月的薪餉。我真感謝公保，否則，我雖無死亡之慮，但是痛苦是有受的，因為我要自己花這筆醫療費用，可能無法做這麼徹底的檢查與治療。

據說公保處對於門診，限制使用高貴藥品；對於住院治療，則不加限制。所以很多人有了小小的疾病，寧願自己花小錢（買點成藥吃），而不願浪費時間跑醫院。稍微嚴重一點，就乾脆住院治療。以致現在流行著的觀念是：公保醫院不能治小病，只能治大病。

所以我建議公保處，再進一步的改革，廢除門診，專保住院治療險，並且惠及眷屬（是否需要住院治療，由公保處派駐區醫師簽證），並把結餘的門診費用，提高死亡和退休給付。這樣，既可免除醫院的中間剝削，讓公保處不再有虧損，被保險人又可獲得利益。區區淺見，不知有關當局以為然否？

57・8・26，國語日報

多功能銀髮族

看了幾篇惡婆婆、怪長輩的文章後，感觸良多，特撰此文，盼年輕人及長輩，彼此看對方的優點，包容對方的缺點。

我想，年紀大了，閱歷也就跟著增加，在家庭裡的地位，更顯得重要，多功能的效用，絕不是年輕人全部做得到的。

我在家的角色，第一、可以當爺爺，這是年輕人無法做到的，因為爺爺角色是由年輕慢慢成長，非一蹴而成的。

第二、我可當傭人，例如帶孫子上學，放學時接他回家。年輕父母能做得到嗎？縱使能做到，不是犧牲一份工作，就是累得半死，因為還要忙著上班下班。

第三、還能當保全人員，經常在家看門、接聽電話、接收信件、傳達外面進入家中的訊息。

第四、當然還能夠當丈夫，照顧老伴陪她散步，陪她談天。

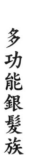

第五、爸爸的角色當仁不讓。對子女（媳婦、女婿）的愛護，不管他（她）年齡多大，在我的眼裡仍然是孩子，我還是不忘盡爸爸的責任，指導他們做人做事的道理。

總而言之，奮鬥了一輩子，退休之後，除了在家含飴弄孫之外，就是看自己愛看的書及報章雜誌。否則，找老友小酌一番，閒話當年，不管是英雄豪語，或是糗事，一件件講出來也會讓大家笑破肚皮。

所以，上年紀的人要能樂觀、看得開，並且保持身體健康，不要增加子女的負擔，快快樂樂的過日子。我這樣的老人，還有什麼好挑剔的？我的子女該視我為一塊寶吧！

90．9．3，聯合報

生活在友情中

「在家靠父母，出門靠朋友。」雖然只是一句老生常談，確是千真萬確的至理名言。

離開家，將近三十年，在這三十年間，一直生活在朋友的關懷與協助中：如求職、成家、置產……。假如沒有朋友的關懷與協助，我哪有今天愉快的生活？每當夜闌人靜時，常常捫心自問：自己接受朋友的賜予實在太多，而自己付出給朋友的確是少得可憐。所以常常覺得汗顏心愧，無地自容。

這三十年來，我獲得朋友賜予的關懷與協助，在精神上與物質上的，真是筆難盡述。

二十幾年前，從軍中退役下來，舉目無親，在那五光十色的台北市，居無定所，遊手好閑，生活的担子，壓得喘不過氣來。多少次被邪惡引誘時，經朋友的規勸與協助即時懸崖勒馬而走上正途。朋友介紹的工作，雖是別人不屑一顧的卑職，但對我來說，確是在生活上注入了興奮劑，因為在生活安定中，自己才有不斷努力進取的勇氣與機會，也才有今天的職位與收入。那時站在歧途陷阱的邊緣，再進一步，則成千古恨了。今天能在正途上勇往前進，要歸功於友人對我的引導協助，這是我一生歷程的轉捩點。此恩此德，銘心鏤骨，沒齒難忘。

三十而立，人生旅途上的終身大事，也是很重要的。在偶然的機會裡，經友人的介紹，認識了我現在的妻。那時雖有正當的職業，但卻無可觀的積蓄，因為上無片瓦之覆，下無立錐之地，成家談何容易？可是在友人的關懷與協助之下，我們倆很順利的隨著結婚進行曲步入了禮堂。否則不成孤雲野鶴，也會浪跡江湖，哪有今天的安定與舒適？

婚後，子女相繼而來，帶著一家大小，居無定所，過著像浮萍一樣無根的日子，東飄西蕩。於是幾年前聽朋友的勸告，購買土地，興建住宅。當時憑自己這一份收入，能維持一家溫飽就算是差強人意了，豈敢妄求建宅？幸好內人的節衣縮食，以有限的積蓄，加上友人的協助，終於建立了自己的住宅。雖不是高樓

大廈，美輪美奐，但是在妻的整理下，確是明窗淨几，一家大小生活在自己的窩裡，總覺得溫暖萬分。這是朋友鼓勵與幫忙的結果。所以每當午夜夢迴，我衷心的感謝朋友。

如今在工作崗位上，雖不是身負重責大任，卻也做了主管的助手。偶爾遭逢到或多或少的困難，同事之中，多以朋友之情來協助解決我的問題，突破難關，來圓滿的達成上級交付的任務。今天我在這團體中，工作勝任，生活愉快，何嘗不是同事之間以朋友的立場來協助我鼓勵我的結果？我在這人生旅途上，過去接受朋友的關懷與協助，現在仍是生活在友情之中，將來我希望能有能力協助朋友，不管是生活上、工作上、精神上、物質上……，來報答朋友幫助我的恩情於萬一。

67・12・9，建國日報

逆旅中的良友

英國文豪兼哲學家斯邁斯曾說：「人生如逆旅，妻便是逆旅中的良友。」這些年來，我在人生的逆旅中，能夠繼續的往前走，不能不感謝我逆旅中的良友—妻。

當年青氣盛時，在軍中服務，大江南北、東飄西盪，常誦春夜宴桃李園序的名句：「古人秉燭夜遊，良有以也。」何況我是免費旅行呢。那時一點也不會覺有漂泊之感，祇要一有時間，口袋裡一有錢，便三朋四友一呼，去逛名勝，觀風景，上酒樓……。一年到頭，口袋總是扁扁的，囊空如洗，不以為憂，反而怡然自得，「今朝有酒今朝醉」的人生觀，腦子裡裝得滿滿的。

來台後，歲月如流，年事也漸長。三天兩頭得刮一次鬍子，滿頭黑髮之中，也夾雜了少許的白髮，屈指算來已屆而立之年。往昔的豪情壯志，隨著無情的歲月而消逝。轉業後，如倦鳥返巢，才開始想到成家問題。

十年前，經友人介紹與妻認識，繼而相戀，終於結為伴侶。

俗云「貧賤夫妻百事哀」，我一點也不同意這種說法，因為我與妻就是一對貧（我倆並不賤）的夫妻呀！然而卻過著神仙的生活。

婚前，我是一個「今朝有酒今朝醉」的人，那裡有錢儲蓄？婚後，子女相繼而來，且因待遇微薄，維持一家的生活尚且不易，也是無法富有。但是我的家，在妻料理下卻成了我的安樂窩。

有時在辦公室挨了上司的官腔，滿肚子的怨氣，回到家裡在沙發上一坐，妻會察顏觀色，知道我心裡有點不舒服，她就三言二語的規勸一番，使我怨氣全消。

有時我患點傷風感冒，妻更是噓寒問暖的端茶送湯，祇須三兩天的調治，便能霍然而癒。她對子女更是照顧得無微不至，所以，我的子女個個長得健康活潑。

一年到頭，我和子女穿的衣服鞋襪，都是整整齊齊、乾乾淨淨的，該買的，該做的，妻計劃得詳詳細細。她的意思是：「在外面不要給別人看起來很寒酸。」但是妻從來沒有為自己打算過，有時我實在過意不去，要她做件像樣的衣服，她的回答是：「一年到頭難得出幾次門，在家操勞家務，還要穿好的做什麼？」

每當星期假日，我有意替妻分勞，替她跑跑菜市場，但是，她就是不肯，她說：「你們男人買東西，對於三元二元不在乎，不願跟人家計較斤兩，總是吃虧的，一天菜錢給你，買回來的菜可能只夠吃一頓。」妻就是這樣的人，對於家務事，絕不願假手他人。

她對子女的教育，也是慈母兼嚴父，為了督促子女做功課，她願犧牲好看的電視節目。所以，子女在校的成績，雖然不是名列前茅，但是也可列在甲等之林。

家庭娛樂，在妻的按排下，有時全家去看場電影，有時郊外旅行，有時探訪親友……，引得左鄰右舍，親戚朋友稱羨不已。

我在人生的逆旅中，我有了這位良友—妻，跌倒了，我會很快的爬起來，在崎嶇的小徑上，我有毅力往前走，在長滿荊棘的道上，我有勇氣向前衝，不怕狂風暴雨，不怕驚濤駭浪。我要一直往前走，向上爬。因為在這人生的逆旅中，我有位良友作後盾！

62・6・20，建國日報

人間好時節

沒有退休之前，神經總是繃得緊緊的，雖然不是負什麼重責大任，但總算是主管的助手，所以，上班之後總是兢兢業業的，一來怕考慮不週把事情做不好，二來常怕臨時出狀況，發生無法弭補的遺憾，下班回到家裡，心裡仍然想著明天的工作，如何按排比較適當，推行時比較順利，就這樣，年年月月時時刻刻，都在工作的壓力下過日子。如今，終於敖到屆齡順利退休，真是感謝蒼天及祖德庇佑。

現在，無責一身輕，就像無門禪師作的一首詩：「春有百花秋有月，夏有涼風冬有雪，若無瑣事掛心頭，便是人間好時節。」所以，現在無瑣事掛心頭，不愁吃不愁穿，天天過著好日子，人生如此，夫復何求？過去想看的書，因沒有時間看，如今可以看到午夜而不罷休，尤其現在看書可以不求甚解，一不為考試而讀書，再來不為升遷讀書，管它懂不懂？

其次，可以優哉游哉的拈花惹草，將郊外的野花閒草搬回家裡，登上大雅之堂，布置一番，這裡放一盆花，那裡擺一盆草，多麼的賞心悅目。或者到戶外走走，步行三五公里，佇立海岸，看海濤澎湃洶湧，或海面波平如鏡，或海鷗翱翔覓食。或靜坐草地，仰看白雲蒼狗，會想到世事變幻無常，今天能衣食無虞，除感謝政府之外，更感謝家人的照顧，心情多麼的輕鬆愉快。

如有餘暇，拜訪老友，久不見面，難免小酌一番，酒酣耳熱之餘，不免談到想當年耳，慷慨陳詞，溢於言表，彷彿時光倒流，又回到數十年前的情景，臨別之時，交換保健心得，更互相祝福、珍重，盼他日重逢。

要不癡呆，偶而搓搓衛生麻將，旨在激盪腦力，不要熬夜傷神，輸贏不大，亦無傷大雅，敦厚品性，崇尚友誼，有何不可？

想獲得最新資訊，學學電腦，也是蠻好的，利用網際網路，看新聞、看雜誌，看所有想看的，政治、經濟、體育、娛樂…等所有資訊，應有盡有。可利用

e--mail，寄信給網友，可交很多朋友，寄信給有關單位提供建言，二分鐘就可收到回音，效率之高之速，真是前所未有。亦可與電腦下相棋、下圍棋、亦可教小朋友打電動玩具，既益智又娛樂，電腦之奇之妙，由此可見。

要健康，就要動，盼望健康、長壽，古今中外的人皆然，無論帝王將相，富豪權貴，或者升斗小民，販夫走卒，都企盼獲得，如不健康？那來長壽？所謂「流水不腐，戶樞不蠹，」就這是個道裡，所以要多運動。

總之，退休之後，在家含飴弄孫，享天倫之樂，無拘無束，自由之至，隨心所欲，其止百事可樂？千事可樂都有。歲月真的是不堯人，上了年紀，既不可妄想健步如飛(或許有少數老人可能)，也絕對無法青春永駐，能保持身心健康，做個快樂的老人，不使親朋好友掛念，亦勿讓家人有沉重之負擔，盼望無疾而終，此生足矣！

87·9·7，榮光週刊

時髦爺爺在飆網

暱稱，老表、老漢、小吉、雲淡……

我有很多暱稱，有人叫我「老表」，旁人一聽，就知道我的籍貫；有人叫我「老漢」，這是年輕人對我不太禮貌的稱呼，也含有開玩笑和親暱的意味，我還是可以接受。

有時，我塗鴉發表的不像文章的文章，或在網路發表的意見，用的筆名都叫「小吉」。這個「小吉」暱名的由來，歷史起碼超過一甲子，是小時候在老家就有的，因為家父諱「先吉」，家父之友人及同儕，就叫我「小吉」。

我很珍惜這個暱稱，因為一寫到這兩個字，就會想起父親，他的一舉一動、一言一行，都會浮現我腦海。

老漢，二十年次該去泡老人茶，還找美眉聊天？

兩年前，我上網站的交友聊天室找人聊天，用的暱稱是「老漢」，網友第一句話，就問我多老？我老實回答：「二十年次。」

網友說：「拜託，二十歲的和二十年次都弄不清楚？」

「真的，沒有錯呀！我是二十年次的，今年七十幾了，有身份證為憑。」

網友又說：「老阿伯應該去泡老人茶呀！還在這裡找美眉聊天，騙肖。」馬上說886，找別人聊天去了，不願再和我搭訕。「老漢」這個暱名，在其他聊天室，下場都大同小異，不是被奚落一頓，就是對我不理會。

我發現有分年齡的聊天室，就進入六十歲以上的，一開始也是問東問西，結果我發現，也有其他年齡層的人在這個聊天室，我問他們，為什麼跑到這個聊天室來？答案是這個聊天室人數比較少。

小吉，裝成不識愁滋味，總統信箱也狂飆

我自此才知道，網路聊天室是年輕人天下，因此將暱稱由「老漢」改為「小吉」，裝成少年不識愁滋味，每個聊天室都進去，胡說八道的聊起來。可是，年

輕人的語言，很多代名詞我不懂，他們笑我不上道，三言兩語就把我甩開。

說真的，我在網路上，參加了好幾個社團，都無法愉快的閒聊，一段時間後，我這老年人，覺得和這些年輕人閒聊沒有什麼交集，只好去棋室下棋了。

面對電腦，我除了下下棋、閱讀電子郵件之外，就是在BBS站留言，或回應他們的留言，也在「有話大家說」的地方發表意見。我也在呂副總統的電子信箱，向她建言，獲得善意的回應；也曾在總統的電子信箱，向他提出建設國家的方向與政策，同樣得到答覆。

我這個小小平民百姓，自不量力向總統及副總統建言，竟然很快得到回應，用的暱稱正是「小吉」，在台灣，這真是個奇蹟吧！

雲淡，網站搶標，樂當雲深處居士

後來，我換了名叫「雲淡」的暱稱，到拍賣網站標購一些不是很貴的東西，比如造型別緻的手表、領帶夾，以及很喜歡的玩偶。有時，我比別人多出二十元或多出五元得標，當時心裡相當舒服。

有一次得標，我用e-mail和賣主聯繫付款手續、收貨情況等，他回信時，竟稱我為「雲淡居士」，當我看到這個暱名，腦海立刻浮現自己住在雲深不知處的茅屋裡，穿著飄逸長衫，手拿芭蕉扇，站在老松樹旁，仰望遠方的青天白雲，這不是一幅「雲淡居士圖」的水墨畫嗎？彼時彼刻，比中了樂透特獎還樂透。

網友：這把年紀在飆網，竟成「時髦爺爺」

有一位網友，幾年來寄給我許多好文章、好笑的笑話、漂亮的照片、網路流傳的信息，於是我寫了一封e-mail，衷心感謝她。後來，我們利用e-mail往來，她教我如何利用網路攝影機，在MSN網路攝影機前交談。

大家互相了解之後，她說我這把年紀還在飆網，竟然稱我為「時髦爺爺」。當時，我心裡十分高興，因為自懂事以來，不管在衣著、用品，或其他方面，我從未時髦過，而今當爺爺了，竟有了時髦之名，興奮之情豈能以筆墨形容？此生榮獲此暱名，夫復何言？

93．8，聯合報

奶奶比孔子厲害

有一天，我的孫子拿了一本論語在我面前很細聲的對我說：「阿公，奶奶比孔子還厲害。」我問：「為什麼？」他笑嘻嘻的說：「你看孔子的話都有這麼厚的一本，假使把奶奶的話記下來，絕對比孔子的多。」我聽後不覺放聲大笑。小孫子用手指著他自己的小嘴，輕輕的噓了一聲，表示不要讓奶奶知道。這時全家人的目光都聚在我公孫二人身上。小孫子反應很快，「我們沒說什麼」，轉身很快的溜回房間去了。當然我一個人就沒有戲可唱了。

今兒一個人坐在電腦桌前，寂靜的無聊，突然想起小孫子的話，「奶奶比孔子厲害。」的確，內人對小孫子訓話，出生至今十三個寒暑，從不懂事的嬰兒期，就常念「阿孫乖乖，一暝大一寸。（台語兒歌）」。

現在小孫子讀國中了，每天早上仍然有念不完的話：「快點吃早餐，再慢就趕不上校車了。」「你看，你的衣服怎麼穿？領子沒有拉好啦。」「午餐費帶了沒有。」「在學校不要和別人吵架打架，要聽老師的話……」。

奶奶的話，真是不少，每年到了春暖花開時節，我內人硬要他多穿一件毛衣，因為春寒料峭呀，多穿一點好。雖然夏日炎炎，特別交代，千萬不要去吃冰，因為冰是寒性，會影響你的腸胃，以及血液的循環。秋天正是金風送爽的日子，還是多穿一件衣服好，因為秋涼如水，所謂四月八月亂穿衣，多一件少一件，人家不會笑的。冬天更不用說，從帽子口罩圍巾到大衣手套禦寒褲，將身體裹得緊緊的，唯一目的，就是不要著涼感冒。

真的不管衣、食、住、行、那一項不念茲在茲，除了穿衣，食的方面也是念這念那，多吃青菜和多吃什麼才夠營養，多吃什麼才會長高；走路要注意車輛，穿越馬路，要看紅綠燈；住的方面，如起床後將被子摺疊好，書桌收乾淨，衣服要掛好，……她沒有一件事不念的，連做人、做事也念不完。

真的，將奶奶的話紀錄下，比孔子的論語要厚很多喔！難怪我的小孫子會說：「奶奶比孔子厲害。」

97・11・3，於聯合報

美哉澎湖

澎湖的風，將污染的塵灰，吹得乾乾淨淨。澎湖的風，將污染的廢氣，吹得無影無踪。澎湖的風，將污染的思想，吹得不留絲毫偏激。澎湖的風，將……。

澎湖的風是可愛的，因為它塑造了美麗的澎湖。我愛澎湖，所以它是我美麗的第二故鄉，我熱愛它，因為它是如此的純潔。

放眼天下，到處是烏烟瘴氣，不是工廠煙囪所冒的黑烟，就是工廠水管排出的廢水，不是聽到邪說的言論，就是聞到有火藥的氣味，不是謾罵的叫囂，就是黃色黑色的氾濫，有些人奢侈揮霍，有些人你欺我詐，有些人利慾薰心……。唯有澎湖擁有美麗的頭銜，也是澎湖唯一的擁有純與潔，不但澎湖是樂園，我認為它是人間的天堂。

住在澎湖的人，每一位是如此的純潔，大家互相交往，講信、講義，而無你奸我詐之事，亦無險峻冷漠之情。尤其澎湖的後備軍人，散居每一村里、每一島嶼，影響社會風氣之純與潔，功不可沒。

澎湖位居台灣海峽，軍事要衝。凡事均依情依理依法處理，沒有霸道之鼠輩橫行，沒有你搶我奪之流氓滋事。尤其眾人之事，凡是有後備軍人參予的，都不計利益得失，一心一意為黨為國，犧牲奉獻。

澎湖的建設，一切依照三民主義的藍圖，一步一步，一天一天的去做，使鄉村與城市一樣的繁榮，漁村與農村一樣的富庶。沒有藏污納垢的地方，也沒有貧窮與富有的差別。尤其後備軍人的力量，投入建設的行列，工作精神是如此高昂，在工作崗位上是如此的辛勤，一切為了明天會更好，使大家充滿了無限的信心。

總之，澎湖是可愛的地方，一切是那麼的純潔，人情味是那麼芬芳，海水是那樣的清澄，空氣是那樣新鮮，土地、海岸，沒有遭到挖掘破壞，還是那樣的完整，全體人民的思想，是如此忠貞，沒有一言半語的邪說，也沒有偏激言論的宣揚，文化藝術，亦為澎湖放射出光芒。社會上呈現一片謙遜禮讓，更沒有粗野與暴行，政治上選賢與能，皆是眾望所歸之士……。

所以我愛澎湖，我愛它成為我的第二故鄉。

74．12．1，澎湖青溪文藝

交通年談澎湖交通

現在臺灣進行的十大建設，交通方面，已佔了七項之多。將來十大建設完成，即可使國家進入開發國家之林。綜觀世界開發國家，均有便捷的交通系統。所以稱交通為繁榮之母，亦不為過。因為交通發達，貨暢其流，地方上當然可以繁榮起來。

對於澎湖的交道，以區域言，可分為對內與對外，以工具言，可分為海運與空運。

以對外交通而言，目前雖有三家航空公司，及二家輪船公司。航空專為客運、海運方面，一為客運，一為貨運。假如與過去來比現在，還是聊可自慰的，但是，社會永遠是進步的，且有口進千里之勢，我們澎湖怎麼能以此為滿足呢？

航空客運方面來說，長年累月，死死板板的班次固定，旅客擁擠，亦不能機動的加班疏運，完全是一派大亨作風，少許金錢賺與不賺，毫無所謂的樣子。所以，有事待辦之人，想來觀光者，手裡持著鈔票，卻換不到機票，使人望飛機而興嘆。尤其澎湖海鮮，須趕時間以保鮮度才能提高售價。可是便捷的航空缺少貨運，所以，本可由澎湖地區賺的錢，則不能到手。許多想來澎湖觀光的旅客，聞悉機票之難買，亦放棄來澎湖觀光之機會。以致待銷之海鮮無法出境，想來的觀光旅客無法到達，這是澎湖繁榮障碍之一。

其次海上的客運，雖有目前的臺澎輪，還是不能適應目前的需要。因為澎湖輪在臺澎之間航行一次，也得花五六小時之久。在這工業社會裡，休閑時間有限，假日不多，所以，大家不願乘便宜的輪船，而願乘價位高的飛機。尤其，現在一般國民所得增加，旅遊事業蓬勃開展所謂觀光，就是高高興興的去看這裡，看那裡，促使身心愉快，何必坐這麼長時間的船，去受那暈船之苦。

海上貨運方面，真是扶得東來西又倒，不知應該如何才算好，風風雨雨，鬧了多少年，問題仍然解決不了，以致澎湖的貨物輸出與輸入，都增加了成本，輸出的使生產者減少收益，輸入的使消費者增加負擔，一正一負，相差距離並不小。所以，這是澎湖繁榮障碍之三。

對內交通，馬公本島及西嶼，陸上勉強可以，但是柏油路面，亦是長年累月的百孔千瘡。對於各離島之交通，使人有「哥哥行不得也」之苦。除了幾個離島自己想辦法外。在政府方面所做的，數十年來，仍交白卷。有些離島的人民，仍停留在自生自滅的階段，怎能談到繁榮呢？在 總統蔣公所著的「民生主義育樂二篇補述」中，曾指出建設地方的途徑，使城市鄉村化，鄉村城市化。可是，現在有些離島的生活，與城市相比，起碼還落後二十年以上。這是不改善交通的結果。

解決之道，非澎湖本身之財力所能為。筆者淺見，以為：

一、建議各航空公司及臺航公司。對澎湖提供最佳的服務。如航空方面，適當的增加班次，或機動的加班。臺航公司方面，應建造快速之飛船行駛，寧可坐位比臺澎輪少一半，而增加航次。以台澎七十多浬之航程，能在二小時之內航行一次，每天能對開二航次的話，對觀光旅客來說，實在方便不少。甚而可以早

出晚歸。如海空運輸均便捷的話，以澎湖之觀光資源，當可吸引源源而來的觀光客。

二、海上貨運，應收歸縣府自營，區區千萬元之數，縣政府縱使一時無法籌措，亦可向銀行貸款，每年編列預算償債，能以縣府自營，則可免除商人之剝削，一方面可增加生產者的獲益，一方面可減少消費者的負擔，貨運所獲利潤，亦可充裕社會福利基金。，

二、對內之陸上交通，應該注意路面之保養。對於各離島之交通，（除現有交通船的離島外。）縣府應有固定航期之船隻行駛，雖無每日通航之價值，但一星期或一句航行一次，應不可少，一來是推行政令，二來可使居民之往返馬公。對離島之繁榮雖無幫忙，但對居民生活水準的提高，當有貢獻。

總而言之，澎湖縣是中華民國的領土一部份，也是台灣省的一個縣份，雖地瘠，但民不該貧，其他生產少，魚蝦產量則豐，尤其觀光資源更富，靠無煙囪之工廠增加財富，則有賴便捷的交通。而且地位居於臺灣金門之間，雖不屬於前

線，可是，也不是後方。中央及省府，應發揚團隊情神，全力支援建設澎湖，使澎湖成為目前中華民國的海上樂園。不但澎湖繁榮，人民生活水準提高，而且可吸引國際觀光人士，對於宣傳政府德政，不是最具體之資料？給國際人士的印象不是更深刻嗎？

64・6，澎湖建設

教育小兵看澎湖音樂比賽

總統　蔣公所著的民生主義育樂二篇補述，對樂的問題，開宗明義的說：「有健全的國民，纔是健全的民族，有健全的民族，纔能建設富強的國家。」怎樣才是健全的國民呢？又說：「第一就是一般國民的身心保持平衡，第二是一般國民的情感與理智能保持和諧。」這種情感與理智能保持平衡，就有靠正當的娛樂，那末音樂是正當娛樂之一。

總統　蔣公又說：「因為音樂對個人的影響極大，一方面，音樂表現個人的情感；古人說：「怒心感者其聲粗以厲，愛心感者其聲柔以和。」另一方面，音樂能夠影響人的情緒，減少人的疲勞，解除人的痛苦，甚至影響人的血壓、脈膊和筋肉的緊張和鬆弛。可見音樂對個人的修養是多麼的重要。所以，總統　蔣公又說：「國家為了民族文化，和國民教育，千萬不能稍為忽視音樂。」

西方也有一句「美善相樂」的話，因為和諧的生活，蘊藏著美好的韻律，是人們所渴求的，音樂便是由這種韻律所造成的藝術。它能奇妙地把我們的心靈牽到「致極」的邊緣，讓我們在一瞬間瞥見了人們內在的生命力。

音樂不但是個人修養的方法，更是群育的工具。它能影響群眾的感情，尤其集體演奏的音樂和集體合唱的歌曲，更能使參加者培養合作的精神，它更能煽起強烈的同情心和互助心。所以，一切民族的集會、祭祀、典禮儀式，無不以音樂來增強其教育效果。

現在我們不獨要用音樂以和樂群情，更進一步用音樂來統一意志，發揮團隊精神，我們不止用音樂來培養起規規矩矩的秩序，更要用音樂來訓練嚴嚴整整的紀律。音樂不祇是用來陶冶個人的品德，使人寧靜，更要使人活動起來。

任何人都不能否認，在音樂的學習領域中，沒有僥倖，更沒有欺騙，一分努力，才有一份收獲。

以上拉拉雜雜的所談，不過說明一點事實，就是音樂教育的重要性。

在全省各縣市每年一次的音樂比賽，在教育行政及教育工作者看來，都是一件大事。尤其在我們澎湖縣，在臺灣地區有文化沙漠與音樂風氣貧瘠之稱，有關主辦音樂教育的人員，應該站在教育立場全力提倡才對。可是近年來，除了其他機關及學校之外，教育行政單位，鮮有推動計劃，不無遺憾之感。

現在我們來看今年二月廿六日本縣音樂比賽的情形，就以合唱來說，參加的學校，有高中組（今年祇澎水一校，往年是省馬中一校。）和國中組，計有八校，除望安、七美外，馬公本島的國中，全部參加，可說非常踴躍。在目前全縣國中音樂教師缺乏的情況下，各校能如此重視音樂活動，算是難能可貴。聽說是與教育局長及主任督學的熱心推動有關。其次國小組的，也有十四校參加，可能因開學後才一週的關係，時間匆促，否則，可能有更多的學校參加。又因為有指定曲二首，自選由一首，自選曲方面，尚可斟酌自己學校能力選定，但是指定曲方面，無形中就是一種固定的音樂能力考驗。

上面曾談集體演奏及集體合唱的教育效果，所以，我們看到每個學校的合唱團站在台上，無不充分顯示一個學校的團隊精神與默契，他們所表現的，不僅是表面的歌聲，我們簡直可看到民族心聲的呼喚，以及無窮的新希望被歌頌。

據說本縣這次的音樂比賽，在開領隊會議時，許多學有專長的音樂教師，曾有不少的建議，主辦單位如是外行的話，對他們的意見應該採納重視，使本縣的音樂水準能逐年提高。如果主辦單位固步自封，自以為是，每次以辦完上級規定的例行公事的態度與觀念，那末本縣的音樂水準，永遠是屈居別縣市之下。

如今音樂比賽的情形，裁判祇聘請三位，其中一位是某國中教師，所以，在國中組合唱比賽時，其國中教師必須迴避，以二位裁判，評八校合唱，其客觀性就不致太高，祇要其中一位裁判稍稍主觀一點，成績的影響，是顯而易見的。難怪頗多觀眾以為此次音樂比賽，實在是過分的草率。因為一般學校裡的班級性比賽，也會有五六位裁判呀！何況是全縣性的呢？筆者猜想，可能是主辦單位的經費困難，為節省數百元的裁判費的原因（裁判費每位據說是一百元而已！）。否則，聘請兩位裁判，實嫌草率。不過，主辦單位應該了解，一年之中，全省性的各項活動，有那幾項必須辦理的，也是每年的例行公事，為什麼不編列預算呢？

實在令人費解。

據筆者所知，凡是選拔參加省級比賽，縣政府祇是象徵性的補助而已，最多是來回機票，其他均由學校及私人負擔（如這次赴臺參加音樂比賽，據說縣政府祇補助一萬元，其餘學校、學生、地方上負擔。）。所以，本縣形成一種怪現象，有人才的小學校，雖獲冠軍，而學校及地方上無法負擔經費而棄權之事，以有經費的大學校，自然是選擇冠軍的對象了（以前就曾發生過更換名次的事實）。所以，左右裁判的評分標準，傳說紛紛，也不能說是空穴來風。

我們應該知道，音樂藝術上，是絕對霸道的，絕對真實的，好就是好，除了音階要準，要和諧，節奏要正確，音量要均勻，音色要相同，發音要自然，吐字要清楚之外，還有感情的表現，呼吸，強弱，都要配合更好，豈可隨意取捨名次？

所以，要本縣的音樂水準提高，除了編列寬裕的經費外，多請幾位有音樂素養的裁判，正確的選拔代表，這是必須的條件。絕對不要以經費不足的籍口，來埋沒學生求上進的心靈，以應付上級的規定，影響學生將來處事的態度。

以上是筆者參觀這次音樂比賽後的一點感想，不知有關當局及先進以為然否？

65．5．5，澎湖建設

非法炸魚之風不可忽視

「靠山吃山，靠海吃海。」這是很實在的生活道路。農夫對於良田，愛護備至，除草、鬆土、施肥……灌溉祇有勤勞的，細心的去耕耘，才有豐碩的收獲。而且他們還會把滄海變為桑田呢？可是，澎湖少數的不肖漁民，祇是貪圖方便，想不勞而獲，捨正途而走上非法炸魚之路，誠屬可嘆。

近年由於能源缺乏，油料上漲，導致漁業成本增加。由於經濟萎縮，一般人民購買力薄弱，可能導致魚價不揚，跟不上其他商品。以前日撈數十斤，可維持一家溫飽，如今，則非日撈百斤，則無法維持原有生活水準。所以，有少數不肖之漁民，則祇達目的，不擇手段。以致炸魚之風盛開。張三炸魚有收穫，李四看見眼紅，起而效之，李四有收穫，王五眼紅，則又效之。如此的連鎖反應，以致沿海炸魚之聲，時有所聞。以致沿海魚資源日益貧乏，炸魚收穫亦成正比的減少。收穫越少，則炸魚次數愈多，又是成為反比例的增加。如此循環不息的炸，終有一天，沿海魚蝦絕跡，貽害日後子孫無窮。

不肖漁民，非常聰明，將購得之炸藥，藏於電瓶之內，或藏於空罐頭內，名義上手提的是電瓶、是罐頭，實際上是內藏炸藥。進出港口，大搖大擺，對檢查人員，毫無畏懼之情。

其次，海上亦可購得炸藥，因為有些漁船不去捕魚，而專門去做收購魚的生意。這種漁船，終日在海上巡梭，不肖漁民從魚販手中購得炸藥，隨即使用。然後將所獲之魚，又隨即送到魚販船中。他們的漁船，雖無通信設備，卻有通信之事實，如有魚賣，在船上在岸上豎立什麼旗幟，如需炸藥，又是什麼旗幟，互相默契，非常靈通準確。

就這樣，許多小漁船，一月半月不需添油加冰，鈔票滾滾而來，對其他漁民，多麼富誘惑感呀！怎不起而效之？

所以，我認為在海上巡梭收購魚的漁船，是炸藥來源之首，很值得檢警單位注意的。

另一原因，則是各港口之檢查哨所，不但人力不足，更無設備。以目前各港口之檢查人員，實無法擔負查緝炸魚之責。何況，有的年老體衰，有的抱著得過且過的心理，也有得饒人處且饒人的觀念。假如他們真的按照上級規定的檢查程序及項目來認真檢查，漁民一定感到十分的不便，以致怨聲四起，以不便民為藉口，群起而攻之。最後，上級單位，左一個調查，右一個指示，不是這個調職，就是那個要寫報告申覆。弄得大家垂頭喪氣，以致得過且過的心理及得饒人處且饒人的觀念，油然而生。

設備方面，除望遠鏡能看見炸魚之情形外，其他一無所有。

假如大家看過外國的影片，查緝炸魚的情形，我們自感弗如。他們查緝非法炸魚，沿海有數艘快艇巡邏，通信設備良好，利用儀器，探聽炸魚之聲，立刻通知離目標較近的快艇前往，而且還很難緝獲呢？因為認定犯罪，必須有充足的證據，爆炸之聲，瞬間消逝，即使看見，又奈若何？

現在有的檢查哨所，聞到爆炸之聲，利用望遠鏡搜索發現地點，認定某隻漁船非法炸魚，密切注意，待其進港時，檢查人員一檢查，發現什麼也沒有，憑什麼認定其非法作魚？何況，有的地方是望遠鏡無法望及的。

所以，以澎湖沿岸海域之遼闊，非購置快艇，利用儀器，不足以防止非法炸魚之舉。

以澎湖的地理環境言，四面環海，機動漁船，快有二千艘之多，靠捕魚為生者，可能佔全縣人口數的比例很高？（因無資料，恕難確定。）如此這般的非法炸下去，將來沿海一帶之漁蝦，其不絕跡，誠屬怪事。

願有關單位及全縣漁民重視此一非法炸魚之行為，確保沿海漁資源免於枯竭。

64・4，澎湖建設

不如歸去

夜！月明星稀，萬籟具寂，在這海島上，是少有的情景。因為是冬季，此時此刻，沒有蟲鳴蛙叫。祇有潮汐的漲落聲，不疾不徐，永不間斷。這聲音，不刺耳，更不煩人，還給人一種寂靜的感覺。

在這寧靜的月夜，我雖躺在床上，卻無法成眠，那一縷縷的思緒，不斷的襲上心頭。

「等是有家歸不得，杜鵑休向耳邊啼。」此時此地，子規聲雖未向耳邊啼，但「不如歸去」的子規聲，卻飄盪在這寧靜的夜空裡。所以，不如歸去的念頭，縈迴腦際。因為雙親的容顏，弟妹的笑語，就像在螢光幕似的，一幕一幕的展現在我的眼前。

父親是個小公務員，收入不豐，無法把家眷帶到外邊去，所以，一月或半月回家一趟，那對贛南邊區，交通又不方便，回家一趟，雖是一百多里的路程，卻要朝發晚才至。有次妹妹生病，父親知道了，冒著風雨交加的惡劣氣候，趕回家來，辛苦之情，當時童年的我，並不了解父親思念家人的心切。如今，已為人父，才深深的體會到父親的愛心啊！而且父親一生，勤儉撲實，他這美德也許是祖父未留下厚豐的遺產供其揮霍有關。所以，他的衣著，經常是一套粗布中山裝，冬天穿一襲長袍，從來沒有看他穿過西裝，打過領帶。食的方面，不求華美，祇求能飽而已！而我有「乞丐命，秀才肚」的擇食時，我母親就會拿父親來做榜樣，使我無言以對。父親對我和弟妹的教育，也非常重視，每次回家，都要檢查我們的功課，可是我和弟妹們的功課，雖未名列前茅，但是還能令父親滿意。

母親是未受過教育的女性，那三從四德的懿行，使左右鄰舍稱羨不已。她除了操勞家務外，還耕種少許田地，雖在農忙時期，但未逢學校假日，仍然獨自操勞，未曾要求我和弟妹幫過半點忙。所以，母親的容顏憔悴，已超過歲月所應有的。晚上，在一盞豆油燈下，縫縫補補，陪伴我和弟妹做功課，我從未看到母親

有無聊愁苦的日子。白天當我們看見左鄰右舍的同伴，有了新衣，有了美食，羨慕不已！但是，到了晚上，關起門來，母親會慈祥的和我們講「人窮志不窮」、「不要看現在，但要看將來。」的道理給我們聽。所以，今天我對有錢的人，並不羨慕，對貧窮人家也不鄙視，燈紅酒綠的生活更不嚮往，這種性格，與慈母教誨不無關係。

稍長，我負笈他鄉，雖寄宿學校，但伙食自理。母親得從遙遠的家鄉送菜來，每隔十天半月，母親就會來校一次，帶來大包小包，吃的用的，樣樣俱全。每次來校，總是千叮嚀、萬囑咐，使我厭煩的祇好以點頭回答，因為同樣的話，不知講了多少次。可是那時的我，怎麼也體會不出母親這一遍一遍的叮囑話，卻包涵了多少慈母的愛。啊！母親！假如您現在出現在眼前，縱使兩手空空，一言不發，我也會感動得熱淚盈眶啊！

屈指算來，雙親都已六十開外之人，現在共匪統治下的家鄉，二位老人家是否能得到溫飽？安康無恙？雖然我在這安定富庶的寶島，成家就業，生活無憂無慮，但是我多麼渴望著不如歸去啊！

64．1．19，建國日報

願你積德行善

兒子：

你這位五年級生，不會埋怨爸爸在你踏入人生大道之時，沒有給你什麼幫忙吧！你要知道，那時公家機關的待遇，並不是很好，而且我的職務低，年資也淺，能供你在外地讀書，就算不錯了，起碼你拿到了大專畢業的文憑。這就是我給你在人生旅途上最基本的裝備，不知道你是否感到滿意？

在你當兵一年八個月，即將退伍時，你自己已找到一份工作，退伍回家休息二天即開始到公司上班。算是你有「自知之明」的一點，因為你知道老爸沒有資金供你創業，也沒有能力為你寫推薦八行書，你有這「自知之明」的一點，在人生大道上就讓我非常放心，因為在這條人生道路上，不管怎麼樣的崎嶇不平，仍然要靠你自己的毅力與智慧，一步一腳印的走去。雖然你遇到過挫折，可是，老爸不能撫平你挫敗的傷痕，你也遇到過風雨不凡的日子，但是我無法撐起一把小傘為你避風遮雨。不過你也接受過像陽光一樣溫暖的禮物，我們祇會分享你的喜悅。所以，這十多年來，你在任何工作崗位上，均能競競業業的工作，從最基層的業務員，一路升遷到現在的職務。在工作中，仍不忘充實自己，利用餘暇，再去研究所進修。或許是我平時告誡你做人做事要「勤奮、誠實」的表現，以及你自己這顆求上進的心，讓老闆看見了！才會這樣的器重你吧！

現在我和朋友聊天，閒話家常時，談到子女，我都以你為榮，我更盼望你，在我落日餘暉的歲月裡，能看到你做人做事勤奮、誠實，為老闆增添光彩之外，更能夠積德、行善。貢獻你棉薄之力，對社會群眾，民間疾苦，有所幫助，則吾願足矣！

91．9．13，聯婦

補習惡夢的開始

記得二年前，我的小孫子上幼稚園。學費之貴。與大專不相上下。該幼稚園學費之所以貴，因為其號稱「雙語教學」。現在大家都談要和國際接軌，該讓小孩子的英文，不要輸在起跑線上，既「望子成龍」，學費貴一點，也就無可厚非了。這家私立幼稚園與公立學校附設幼稚園不同之處，除週休二日及一般節慶放假之外，就是沒有寒暑假。不但學英文，到了大班也教注音符號、數學等。小孫子第一年中班的幼稚園生活，算滿快樂的過去了。

到了第二年升上大班之後，開始了學生生涯的第一次補習，幼兒圍棋補習，三個月一期，一期課程上完後，接著第二期的開始。夏天到了，溜直排輪的補習又開始了，因為設在公寓裏的幼稚園，活動空間有限，能有機會到戶外活動活動。也是不錯，於是照樣報名參加。又是第一期第二期的溜下去，讀幼稚園大班這一年。參加了二科的補習。

今年上小學一年級了，應該過正常的學生生活了吧！想不到學校也招兵買馬，有各種技能科的招生。那末就選擇乒乓球吧！這項補習，不是想看結果。目的在過程，因為住在公寓，活動空間有限，有這個機會去運動，所以就報名參加了，幼稚園方面，還繼續前緣，因為國小一年級尚未英語教學，而在幼稚園二年的英語學習。不繼續補習的話，三天就忘記了，不是前功盡棄？不得已只好繼續的補習英語。老師繼續遊說。美術多麼重要，能養成一個人的審美觀念。對一個人的氣質很有幫助，於是又參加了一科的補習。家庭會議研究。是否再去學習鋼琴？小提琴？或者其它樂器？常常聽說「學琴的孩子不會變壞」的廣告詞，唉！怎麼決定？

我的天呀！我的小孫子才一年級，就要參加那麼多的補習，到了中年級、高年級、國中、高中……還了得？起碼國中升高中，一定要參加什麼「學測」吧！民間出版的教科書多如牛毛。難道敢要求學校的老師，將民間出版的教科書全部都要教嗎？「望子成龍、望女成鳳」的家長。不逼迫孩子去補習？那街頭會有這麼多補習班嗎？否則就不必「望龍、望鳳」了。那些付不出補習費的孩子，有站在競爭的起跑線上嗎？誰去可憐他們？政府？慈善機構？善心人士？那是誰將他們摒棄在起跑線上呢？

我呼籲教育專家們、教育大官們，難道「十年樹木，百年樹人」的古訓都忘記了嗎？不在「百年教育」的政策上著想，什麼本土化？現代化？要教台語、客家語、原住民語。有一天廣東人要求教廣東語？湖南人要求教湖南話……？小小的腦袋能裝下這麼多語言嗎？現在的教改，改的公平嗎？學生的負擔改輕了嗎？改得教師更快樂嗎？改得家長無話可說嗎？請你們設法救救我們的下一代吧！我們要求的不多，起碼給他們一個快樂的童年吧！給所有的家長對子女「望龍」「望鳳」的希望吧！最後，我先謝謝你們！阿彌陀佛。

91．12．7，聯婦

為子擇師

讀了〈我從不為孩子選老師〉一文後，我覺得我有話要說，我曾任教務主任二十餘年，我退休前，尚無電腦處理事務，一切靠人工作業，一年級新生的編班，按鄰里分班，家長選老師的機會少一點，二年級升三年級，四年級升五年級，這二個年段，每年都會重新編班，所以整個暑假，我像老鼠躲貓似的，怕見到的人，第一是家長會長及家長會委員，二是地方上的民意代表，三是教育局的官員，還有就是我的親朋好友，因為要選老師的人，都會找這些人來關說。

因為學校有位老師自認多才多藝，各機關的活動均要參加，如稅損稽徵處的納稅宣導。民政局的殘障同胞活動，救國團的活動，團管區的活動……等等，無役不與。各機關來一張公文，請某老師擔任什麼工作。請准予公假二天或三天，當時政府規定，公（事）假沒有一星期以上，不得請代課老師，要學校自行處理，當時小學人事編制，不過一點二三而已，每位教師的任課，均甚沉重，那有餘暇代理他人的課務？有時實在找不到人去代課，連校長也得去為其代課，表面上有人去代課，實際上是去管理該班同學不要鬧事而已！課業方面，還不是放牛吃草？因為去代課的老師對該班的課務沒有準備，或者將自己做不完的行政工作帶去做。那有代課之實？請問：你不為孩子選老師嗎？有的老師很求上進，利用上課時間看書，去考主任、考高考。考研究所，把學生的學習擺一邊，難道家長不去選老師？有的老師很認真，年紀大了，根本管不了活潑好動的孩子，他上課時，教室總是鬧哄哄的，教室管理都做不好，還談什麼學習效果？讓自己的孩子在這些老師班上混二年馮？

為了選老師，有的找校長，校長叫主任去處理；有的找主任，只有推給組長去處理；有的找組長，組長推給校長、主任。能推則推，有的不能推，非成功不可，如家長會等有力人士，因為學校經費有限，運動會啦、教師節啦等其他須要金錢活動的，都得靠家長會的協助，校長、主任能不答應嗎？尤其教育局的官員來關切，校長敢不甩嗎？

現在時代背景不同。因價值觀的不同，學校仍有不適任的老師，盼望政府將教育經費充實，要退休的讓他退休，要轉業的讓他離開，能站在講台上的老師，個個都是家長選擇的。

92．4，中國時報家庭版

非戒不可

每次跟友人談天的時候，他們總會掏出烟來敬我一枝（不吸烟的友人當然例外），我的回答是：「不吸烟了。」「老兄怕死？」友人這樣戲謔我。有的友人說：「你又盼望加薪水，又不幫政府的忙，於心何忍？」總之，愛吸烟的人，總有一套理由來支持他的嗜好。

我吸烟已有二十多年的歷史。記得有一次國語日報發表〈吸烟與癌症〉的文章讀後，我就計畫戒烟。吸烟會患癌症，是戒烟的重要理由之一，還有其他理由，現在不妨說出來。

第一，喉嚨始終不乾淨，一天到晚總是有濃痰非吐不可。在自己的家裏或自己工作的地方還好辦，吐在衛生紙上，往垃圾桶一丟，解決了問題。可是在公共場所，或在長官府上，就感到十分難處理。有一次和太太逛百貨公司，正在選購物品時，忽然喉嚨癢癢的，非吐這口痰不可。在口袋裡掏了半天，摸不到一張衛生紙，連手怕也沒有，痰已在口裡含著，祇好求助於太太。不管太太同意與否，把她的皮包拿過來打開，取出一條小手帕，低下頭「一吐為快」。這條薄薄的小小的手帕，包了一團粘粘膩膩的痰，丟也不是（到現在我還沒發現百貨公司的垃圾桶放在那裡），拿在手裏也不是味道，祇好又塞回太太的皮包裏。假如當時是我一個人的話，真不知如何是好。

第二，每件衣服都有洞，不管冬天的西裝大衣，或夏天的香港衫西裝褲，都有火燒的洞。因為現在的衣料大部分是什麼龍的，祇要烟灰落在上面，立刻出現一個洞。所以，我太太常罵我命苦，一年到頭，沒有穿過一件好衣服。

第三，烟灰和烟屁股難於處理，有一次和友人在某畫廊參觀畫展，看得正起勁時，竟掏出香烟來抽，吸了幾口要彈烟灰，才發現地上鋪有地毯，前後左右都有人在欣賞，怎麼好意思往地毯上彈烟灰呢？無可奈何，祇好把香烟掉頭，讓烟灰掉在手心裏。而且看看所有參觀的人，只有我們兩人吸烟，結果畫展沒仔細的欣賞匆匆走一圈出來，我伸出抓了一手烟灰的手給他看，我們相視一笑。烟頭

兒還不知要丟在那裡呢？因為來往的人很多，四周又是乾乾淨淨的。又走了一段路，發現水溝，才把烟頭兒扔掉。

第四，浪費金錢，每天一包長壽烟，一個月就得三百元的支出，一年三千六百元，這個數字不少哇！天天盼望政府加薪水，還不如自己想辦法，把香烟戒掉，所節省的金錢比政府加的還多。

兩年前的四月一日，我鄭重的向妻宣布：「從今天起開始戒烟。」（當時以為愚人節說謊話無罪）。經過三星期的奮鬪，終於戒成功了。現在把我戒烟的方法（也許在報張雜誌上看來的，已忘記了，祇好說是我的）介紹給癮君子參考。

開始時，規定起床後到吃早飯前不吸烟。因為以前一起床到廁所時，一定點枝烟，所以，首先戒的是第一天的第一枝。三天後，已成習慣，可說是戒第一枝烟的功勞。

第二次戒的是到辦公室的第一枝烟。因為到了辦公室，椅子上一坐，喝口茶，第一件事是抽烟。現在規定到辦公室後的第一枝烟不吸，非等到九點以後不吸烟，如此繼續了三天，果然辦到了。

第三次戒早餐後的這枝煙，仍然以三天時間為準。然後按順序（或習慣）上午十時前不吸煙，下班前不吸，午飯不吸，睡午覺起來不吸，下午到辦公室坐下不吸，再往後推。將近三星期之久，就把煙戒掉。所謂「萬事起頭難」，戒煙也是一樣，開始時總不是味道，呵欠連天，好像遺失了甚麼似的，尤其星期假日清閑無事的時候。不過沒有完全戒掉時，還有一個希望，再一小時，或兩小時仍然有煙可吸，暫時忍耐。這種希望，這種忍耐，一直往後延伸，戒到下午到辦公室第一枝煙不吸時，已經成功在望。而且往後的戒期也縮短了，不要三天已成習慣。

戒煙的先決條件是有恆，其次是不接受別人的招待。否則功虧一簣。所以，兩年來不但自己不買，連友人的敬奉也一概拒絕。

戒煙成功後的好處是：1.喉嚨很乾淨，出門時不會提心吊膽，忘記帶衛生紙手帕等。2.衣服件件如新，不再有破爛之嫌。3.不會在公共場所出醜。4.零用錢可隨意支配，妻不再囉嗦。5.患癌症的機會減少，增加和妻子「白頭偕老」的信心。

62・9・12，國語日報

過與不及

我成家後，住過高樓大廈的公寓，也住過鄉村的竹籬茅舍。我深深的感到，城市裏的鄰居太少往來，鄉村的鄰居交往又太頻繁。過與不及，我認為都不是睦鄰之道。

以前我家住在城市的公寓裏，每個家庭都是「門雖設而常關」，和鄰居對門而居，根本不相往來。大家雖不視鄰居為仇人，但是陌生卻是事實，以致各人家中情形，深不可測。

那時我家住在二樓，對門的一家，可能住著夫婦兩人，同時在外做事，早出晚歸有定時，結果被歹徒算準了，利用他們上班的空檔，來了一個大搬家。

據我內人說，那天她買菜剛回家，看到一部大卡車停在門口，幾個工人從容不迫的搬東西。因為彼此不相識，也就沒多問，以為他們要遷居呢。誰知，到下午五點多鐘，他兩口子高高興興的回到家裏，一看家中一無所有，女的大哭起來，這才引起鄰居的注意，知道他們家裏遭歹徒大搬家了。站在鄰居的立場，我們內心感到歉疚。

從此以後，我和內人終日憂心如焚，不知那一天歹徒會來搬我們的家。所以內人每次上市場買菜為了不耽誤時間太久，經常坐計程車趕著回家。

由於鄰居這次的失竊，也引起了鄰居和我們的交往，樓上樓下，那一家要唱空城計時，都會跟鄰居招呼一聲，拜託注意一下門戶，或者代繳水費電費，或者買菜時代買一點什麼。亡羊補牢，猶未晚也，那次的教訓，總算使我們這棟公寓住戶開始守望相助了。

三年前，我因工作的關係，住在鄉鎮的郊區（和鄉村差不多），大家毗鄰而居，從早晨開門，到深夜閉戶，大人小孩來來往往，穿梭不絕。有的家中煮菜少一根蔥，到鄰居去拿，有的缺一滴醬油，到鄰居去討，這家包水餃時，送一盤給那家，那家蒸包子送幾個給這家。大人這樣親密的往來，小孩子也一樣，放學後，假日時，不是借小刀，就是討糨糊，不是到這家下棋，就是到那家看故事書，各人家中的情形，都讓左鄰右舍一覽無餘。以致某人今天買了一隻雞，或添置了一件東西，或某家的母雞在外面生了蛋還沒有去撿回來，或某家的小鴨子死了一隻……。左鄰右舍，大家清清楚楚。

都市和鄉村的鄰居，可以說是兩個極端，鄉村的家庭生活，與鄰居交往隨便，私生活常受干擾，而且容易引起是是非非。城市的家庭生活，與鄰居絕少交往，保有私生活的自由，但缺乏守望相助的精神，所以我認為：

居住在城市方面：

1.早出晚歸時，遇見鄰居，不可視為陌生人。

2.閑暇假日時，如未外出，可把房門大開。偶爾跟鄰居談談工作環境，個人境遇等，不可因社會地位不同或有別，而拒人於千里之外。

3.鄰居有喜事應去道賀，有傷痛事應去慰問，有急難應助一臂之力。

居住鄉村方面：

1.家庭主婦要戒除自私，不能為一根蔥一滴醬油，去討鄰居的便宜。既然自己沒有買，這盤菜得將就一點，何必非放蔥放醬油不可？如遇到不願吃虧的，閑話就會到處流傳，引起不愉快的情形。

2.鄰居往來，應到客廳為止，不可到處亂竄。有的人喜歡去開人家的冰箱看看，有的喜歡到人家臥室去瞧瞧，這種行為，實在讓人生厭。假如看到冰箱空空的，就用不屑的口吻說，買冰箱有什麼用。看到人家什麼名貴的化粧品都有，就懷疑別人有了外快收入。以致東家長西家短，閑言閑語，常會引起誤會。

3.小孩子的管教不可放鬆，讓他們常常流連在鄰居家，可能影響人家家庭的安寧，所以對子女要有適當的約束。

我認為睦鄰之道，城市和鄉村要相互調和，應採取「君子之交淡如水」的態度。跟鄰居交往過密，容易引起冷言冷語。跟鄰居不相往來，缺乏守望相助，則歹徒會乘虛而入。

64．6．25，國語日報

島孤人不孤

三陽初長，四序更新，忽接來信，真使我感到萬份意外，你竟沒有忘記曾與你共過患難，而在這海天遠隔的荒島上的朋友，這真是難能可貴的友情啊！首先謝謝你的關懷與慰問。

你說沒有到過澎湖，又說，澎湖是謫官貶吏之所，何必戀棧於此，在物質生活方面，生活程度比別人差了一截；在精神生活方面，既無尋幽探勝之地，很可能染上賭博和飲酒的惡習……，而且氣候惡劣，身心健康，都有莫大影響。

是的，你的看法與想法，祇是你的想當然耳！此地氣侯惡劣，確是事實。但是並非騷人墨客所形容的「飛砂走石」那樣的嚴重。

對於精神生活方面而言，並非你想像那樣的枯燥與貧乏，雖然沒有尋幽探勝之地，亦不致為排遣閒暇而去賭博、酗酒……。在這嶼坪寧靜的島上，既無噪音刺耳，復無不速之客登門，每於課餘假日，一卷遊記在手，當可遨遊於天地之間。

有時看看歷史，能與千百年來之聖賢與豪傑曲膝而長談。偶有所感，攤開稿紙，寫上一篇文章，雖非千古事，也可以換幾包香烟吧！

至於物質生活方面，至聖先賢尚可以「一簞食、一瓢飲，居陋巷」呢！吾輩何人？而且在此國難當頭，反攻復國前夕，大陸同胞正過著啃草根樹皮的日子，我們怎敢談什麼享受。所以對繁華都市的燈紅酒綠生活，我並不羨慕。因為比起貧困者，我是屬於「騎驢」的人呢？

朋友，你對澎湖實在太陌生了。雖然澎湖各種出產有限，但是近年來的各項建設，準夠你刮目相看。馳名遠東的跨海大橋，我想你是知道的，一年四季為大橋慕名而來的觀光客，可說不計其數。世界馳名的紋石，更是澎湖的特產，是觀光人士心目中的寵兒。澎湖的漁業，是我國著名的漁產地之一。所謂「碧海蒼天」美麗的詞句，祇有身在澎湖的人，才能真正的體會其含意，還有「七美人塚」、「虎井沉城」這些歷史遺跡，供你憑弔之後，足夠你遐思半天。其他風景，如通樑大榕樹、林投公園、海水浴場、小門鯨魚洞……。朋友，傳說之言不足為憑，所謂「百聞不如一見。」我歡迎你來此觀光數天，你會發現澎湖是美麗的、可愛的。不但地位很重要，地方建設更是突飛猛進的。

62・1・20，建國日報

故鄉口味

離開故鄉二十幾年，對於吃，可說是吃遍了各種口味。觀光飯店的西餐，路邊攤的陽春麵，山東館，廣東館，四川味，湖南味…………真是南北口味，應有盡有。但是吃遍所有的菜館，就沒有吃到我故鄉的一道菜釀豆腐。

來台最初數年，我們同鄉相敘，或者相偕吃飯，總會談起故鄉的口味「釀豆腐」。所謂「美不美，故鄉水，親不親，故鄉人。」不要說故鄉口味，就是故鄉的水也是美的，所以，每遇幾位同鄉聚在一起，談及故鄉的釀豆腐，大家就會垂涎三尺。

提起釀豆腐這道菜，在我們贛南邊區的九連山，可說是大眾化的平民菜肴。每逢過年過節，家中卻少不了這一道菜，市鎮上的普通飯館，也有這道價廉物美的菜肴供應。

如今，大多數同鄉均已成家立業，假如有機會到同鄉家作客，一定會做這道菜來招待。三年前，我在北部同鄉長輩家作客，他做了這道釀豆腐的菜，這位長輩向其家人說：「這是我們故鄉的標誌，應列為傳家之寶。」此話雖然誇大了一點，但是，這也說明我們並沒有「直把杭州當汴州」，仍然唸唸不忘的可愛的故鄉啊！

釀豆腐做法很簡單，假如你會包水餃的話就一定會做，最先是做餡子，這種餡子，和包水餃的差不多，不過材料好一點而已！一般是以蔥為主，五花肉次之，再加蝦米香菇，大蒜等配料剁碎，加上鹽及味精調勻即可。然後將豆腐一塊切成三片，最好將豆腐側面中間挖出一個小洞，才能將餡子多裝一點，但不能過分的飽和，否則，豆腐會裂開。祇要有餡子，十塊廿塊豆腐都可以。將豆腐釀好後（大概將餡子裝在豆腐裡面就叫釀吧！），鍋裡放少許的油（平板鍋最好），將有餡子這面放下去煎，然後豆腐上再加少許的鹽及味精，煎到有餡子這面發黃時，最好加半碗上湯，再煮一下即成。這道菜破費不多，但是味道無窮，假如你有興趣，不妨一試。

64．2．21，建國日報

購車記

「老兄，這個社會，是笑貧不笑娼。你的車子還是換一部吧！」當我聽到這句話的時候，心裡實在有點怪不舒服的，難道我騎舊車子，別人就笑我貧？我騎新車子，別人不笑了，難道就是娼嗎？

今天我們寶島有這麼繁榮的社會，完全是政府發展經濟的結果，使大家都過著豐衣足食的生活。對於不合時代的東西，當然需要淘汰，而且也有能力更新。我不願更換車子的最大原因就是「一踩即發」，證明這部車子的引擎還是很好的。不過，我這部機車確是夠「老」了，那種形式的機車，在街上行駛的，可能是獨一無二，說車齡嗎？也有十年以上了。所以，每當騎著這部機車，訪問親戚朋友也好，上街購物也好，到上級機關接洽公務也好……，祇要遇見熟人，就會對我說：「你這部機車不錯，不怕風吹雨打，更不怕小偷。」我知道他們的意思，我這部車子丟在路邊也沒有人撿，我聽到他們這種諷刺的話，祇是笑一笑，或者說一句：「這部機車的好處，就是在這裡。」

遇到知己一點的朋友，他會說：「換過一部車子吧！要這麼節省幹什麼？」我的答覆是「還能騎嘛，丟掉可惜，賣掉嗎？也不值幾個錢。所以，能騎就再騎一段時間再說。」最糟的是車子有毛病到車店去修的時候，老板在那裡唸經：「這部車子早就該淘汰了，還是換部新的吧！」「換部新的吧！可以辦理分期付款。」、「這部車子的零件很少，恐怕不容易找到了。」連站在旁邊的徒弟（技工）也好像愛理不理的樣子。說沒有錢嗎？他知道我是公教人員，談節省嗎？經常的保養費確實可觀。那時的心情，真是百分之一百的忍耐，等他慢條斯理的拿著工具，這裡敲敲，那裡打打，最後一句話：「明天來騎吧！」這種受人奚落的滋味，不是親身的經歷，恐怕別人是很難體會出來的。

我這部舊車子，使我最不滿意的，不是型式老，也不是車齡高，而是經常的有一點漏油，將我的褲子，無論新舊，均在褲管上染上黑漆漆的機油。使我站在大庭廣眾之間，感到自己的服裝雖整齊而不清潔，有人知道我的褲管漆黑的原因，就會將我的車子數落一番，在這種場合，自己祇有笑笑的份。

那天穿了一條新褲子，結果褲管又是染的漆黑，真是到了無法忍受的地步。晚上和妻商量，還是買部新車吧！東打聽西打聽，問來問去，各種廠牌的車子，價錢不一，而且優缺點都有，不知如何選擇才好？與妻商量再三，決定一個原則，要買好保養的，而且經久耐騎，永不變型，價錢多少不在考慮之列，決定買下現在這部車子。

「佛要金裝，人要衣裝。」車子還不是一樣？騎著新車子，一方面再也聽不到別人的諷刺、譏笑，另一方面，對行車安全，也信心百倍，更不可能弄髒衣服。何況遇見熟人，都會讚美一句：「這部車子好漂亮啊！」

從今天起，我得削減家人的營養費，還有我自己的零用錢。

68．4．6，建國日報

悔悟

除夕晚上，一家人坐在電視機前，欣賞春節特別節目，老大首先向我提出要求：「爸爸：明天帶我們去看舞龍舞獅好不好？」這種簡單的要求，我正在考慮如何來回答這個問題時，忽然老二老三老四一齊擁向我的身邊，有的搖幌我的腿，有的拉我的手，八隻眼睛盯著我，都這樣哀求著：「好不好嗎？爸爸。」看到他們一個個稚氣未脫的臉上，在這快樂的時刻，實在不忍心使他們失望，隨便說了一個「好」字，反正這是明天的事。他們聽到了我的回答，老三老四滿懷歡喜，且鼓掌跳躍，表示我對他們的答覆很滿意。可是，老大還用懷疑的口吻補充一句：「爸爸，要真的呦！」老二還是不高興的說：「去年爸爸說要帶我去看都沒有去。」我看到他們這麼可憐的樣子，又對我這樣的不信任，我不得不用堅定的口吻說：「明天，爸爸一定帶你們去看。」

午夜的鞭砲聲遠遠近近，稀稀疏疏的在夜空裡響著使我特別難眠。一連串的

往事，使我感到內疚。

自我懂得打麻將開始，每逢春節的假期，一定坐在麻將桌旁，日以繼夜的大戰，到了精疲力竭，回到家裡，就倒頭大睡。就這樣渾渾噩噩的把假期渡過，婚前是這樣，婚後依然如此。

記得新婚第一個春節，大年初一吃過早飯後，和妻說一聲「出去拜年」，這是籍口，因為雀戰的伙伴，在春節前即約定在那裡會合。

那有時間去親戚朋友家拜年？這一出去，不知什麼時候才回家，深夜？明天？自己亦身不由主，所以，又交代妻，不必等我吃飯。當我拖著疲憊不堪的身體回到家裡，竟是年初二的早晨。早餐後，看到左隣右舍大大小小，穿得漂漂亮亮，準備外出，去探親，訪友，逛風景，湊熱鬧！我祇感到頭昏眼花，實在太疲倦了，我需要的，是好好的睡一覺。中午，妻叫我吃飯，還是滿不高興的，不該吵醒我的清夢。飯後，仍然迷迷糊糊的蒙頭大睡，待睡眠充足後，又和妻說一聲「我出去了」，「早點回來啊！」那聲音是如此的淒涼與孤寂，那時我怎麼會體會到？

雖然身仍在家，心卻早就飛到麻將桌上去了，滿腦子的「中、發、白、……」。

怎麼會想到一位新婚夫人，孤孤單單淒淒涼涼怎麼去渡過這良辰美景的春節假期？如今想來，真覺汗顏心愧。平日對妻恩愛體貼，為什麼一到春節假期，就忘得一乾二淨呢？

以後，子女相繼出生，因為他們年紀小，不懂家庭外的花花世界，衹要有糖果點心，佳肴美饌，就會心滿意足，妻也有了子女的陪伴，所以，我在這春節假期·更是廢寢忘食，樂此不疲的在麻將桌旁，通宵達旦，虛度假期。

自從子女長大了，懂得了一點家庭外的花花世界，有許多好玩，好看的事情之後，美好的點心，甜蜜的糖果，豐盛的肴饌，再也滿足不了他們的心靈，他們企望的，不是吃，而是在這熱鬧的春節假期，帶他們出去看，去玩，去湊熱鬧……。

孩子！去年我對你們的失信，是因為不了解你們已經長大了，還以為你們跟以前一樣。所以，仍然我行我素。明天！明天我將會兌現諾言，不會讓你們失望了，而且以後的假日，祇要無公務纏身，一定陪伴你們和你媽，共度假期，不再在麻將桌旁勞命傷財的去消磨時間，以補償過去對你們的冷落。這是我內心的歉疚，也是我的悔悟。請你們原諒我，「以前種種譬如昨日死，以後種種譬如今日生。」在這除夕的午夜，我發出這肺腑之言。

64．2．20，建國日報

聽濤軒記

俗話說：「有屋僅一椽，無屋千萬間。」描寫無房地產的人，是很恰當的。所以，我沒有自己的房屋，以致我的住處，也像走馬燈似的，不停的變遷。

以前住在農村的時候，夜闌人靜之時，住宅的四周，是此起彼落的蟲鳴蛙叫，有一種田園風味的氣息。以後遷到城市，住宅的前後是馬路，從清晨三、四點鐘開始，到深夜十一、二點，所聽見的，不是聒耳的汽車、摩托車的喇叭聲，就是小販在深夜那種蒼涼的叫賣聲，使人感到生活的急促，有喘不過氣來的感覺。如今，又遷徙在台灣海峽中的小島上，一天二十四小時所聽見的，是海潮澎湃聲，不疾不徐，永不間斷，予人有種自強不息的啟示。我的蝸居，由農村而城市，由城市而海濱。雖然各具風味，但是三者相比，我還是樂意擇其後者。所以，我願為我的斗室命名為「聽濤軒」，也確是名符其實。

聽濤軒的位置在西嶼坪島上最南端，後面有標高四十公尺的小山，山石嶙

峋，懸崖峭壁，有如橫貫公路上之奇景，左右及前面，沒有其他高樓大廈的阻碍視線，是一望無際的大海。所謂陽光充足，空氣新鮮，確是不折不扣的。所以空氣調節器的宣傳，日光燈的廣告，對我來說，實在發生不了一點作用。

聽濤軒的建築，有十五坪之大，歷史悠久（已列為危險教室），雖水泥其地，其上蓋瓦，但每逢大雨滂沱之時，使人有「屋漏偏逢連夜雨」的感覺。且牆壁上的剝落酷似千年古堡，也憑添幾分典雅。其間隔除衛生設備外，客廳兼臥室，廚房兼餐廳，還有一個角落為倉庫。而且沒有醜陋的高大圍牆及朱門，更沒有拒人千里之外的惡犬。裡面的設備，當然沒有現代化的東西，因為聽濤軒主就是喜歡這種古趣盎然的情調，譬如，電燈雖明亮，我卻長年累月的點蠟燭。不是我獨愛復古，你看街上店鋪裡，許多高級日常用品及傢俱的設計，又多少公私建築的宮殿式，無不以古色古香為美？

致以聽濤軒室內的裝飾，我是不注重的。因為室外有一幅上帝所繪的天然風景畫，一年四季有不同的畫面，一天二十四小時有不同的景色。例如，朝晨看的是旭日東升，傍晚看的是落霞殘照，冬看驚濤駭浪，夏看碧波萬頃，有時看到狂

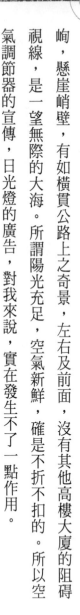

風暴雨，有時看到萬里晴空，時而漁帆點點，時而海鷗飛翔……這幅偉大的天然美景，豈是室內掛一二幅張大千、畢卡索的名畫所能比擬？

聽濤軒之平日，「談笑無鴻儒，往來有白丁。」每當三二知己相聚，二瓶公賣局出品的米酒，海邊檢來的螺絲炒一盤，賓主相互勸杯，在酒酣耳熟之際，大家談論世局，慷慨陳詞，確實語語驚人。有的發表個人經歷，從剿匪、抗戰、勘亂，及至反共抗俄，參加大小戰役若干次，那種光榮的表情，使聽濤軒滿室生輝。

居聽濤軒，崇尚節約，有時「三月不知肉味」，吃的魚都是別人送的，青菜水果，很難到口（實在買不到）。所以，與友人久別重逢之時，都會說我臉有菜色，定是「節儉過度」。我實在不敢否認，因為有錢想花亦無法花掉，只有往箱子裡塞。我想，這是聽濤軒唯一的缺點吧！

時光如流水，轉眼間，居聽濤軒不覺有一學年之久，待爰筆記之，以永誌不忘也。

62．6．15，建國日報

生活感觸

漁村

這西嶼坪的島上，是一個淳樸的漁村，人口不多，四十幾戶人家，皆毗鄰而居。天氣好的時候，年青力壯的男士，全部出海捕魚。年青貌美的太太小姐們，也三三兩兩的划舢板到近海去捕魚蝦，作為每天三餐佐食的菜肴。他們的確能做到守望相助，互通有無，捕回來的魚，沒有出賣，他們知道那一家，今天沒有人出海，家裡定無菜肴，就大大方方的送一條魚去，所以，他們不但不要名，連利也不要，這就是大海陶冶他們寬濶的胸懷吧！

大同世界，這裡已有了雛型，路不拾遺、夜不閉戶，真是盜竊亂賊而不作。也到了幼有所養、壯有所用、老有所享的地步。（養子防老，此地表現得最為澈底。）

這漁村唯一有待改進的是環境衛生，以及水電設備，盼望政府能早日的在此地建設社區，改善他們的生活。

歸航

「風從那裡來……」當這句繞樑的歌聲進入耳際時，假如你身在這孤懸海中的小島上，可以立刻答覆這句話，「是海浪掀起來的。」不是嘛？祇要聽到海浪撲打海岸那種呼嘯聲，你就會意識到澎湖特有的季風將來了。

數小時之後，一艘艘的漁船，從四面八方駛向小島的南面避風的海中，雖然不是港，但是，船停在那裡，他們就有了安全感。

每當季風來臨時，站在海岸上欣賞漁船乘風破浪的情景，真是驚心動魄。遠遠望去，一個海浪湧起，像一座小山，漁船就像一個勇敢的小孩子，奮力的往小山上爬，濺起的浪花，將整個身子遮住，剎那間，又像跌入一個很深的陷井，什麼也看不見了。這樣反反覆覆的爬爬跌跌……，漁船終於駛近岸邊避風的地方了。

魚！雖然好吃，而且富營養，但是漁民的辛勞！有多少人體會到呢？還是「誰知盤中餐，粒粒皆辛苦。」

62．1．25，建國日報

暈船的滋味

唐朝詩仙李白，描寫坐船的快：「朝辭白帝彩雲間，千里江陵一日還。」（下江陵）坐著小船在長江順流而下，可能有這樣的速度。現在科學這麼發達，小船能够在海上日航千里，恐怕也是困難的事吧！

對於海，我在童年時期却是陌生的。

因為我的老家是在江西九連山下，河流都是小小的，那裡見過大海？而且我們家鄉的人，都是「生於斯，死於斯」，能够走出數百里外去做生意，或讀書、做事，就算是出遠門了。我的故鄉離海的地方，最近也有數千里，那裡有機會看到海？

誰知世事多變，由於共匪的叛亂山河易色，我就在這種環境的改變下，踏上征途，終於在三十八年轉戰來台時，第一次看到了海，所謂「海闊天空」，無非是無涯無際的了。在十年後的一天，竟然有機會住在台灣海峽的島上—澎湖。天

天望著天連水、水連天的茫茫大海。

澎湖由六十四個島嶼構成，有人居住的島，亦有二十個。島與島的交通，都是靠船。在風平浪靜的時候，坐在船上欣賞大海的景色，頗富詩情畫意。難怪美國的觀光聖地─邁阿密，每年吸引千萬遊客。我雖愛海，可是在驚濤駭浪的時候坐船，那種滋味，非親臨其境的人，是無法體會的。

現在我來談談在驚濤駭浪時坐船的滋味吧！不過我不是文人，這枝禿筆實無法描述其萬一。

坐車乘飛機會暈的人，畢竟是少數。但是暈船，卻是每個人都會的，我們不要誤會船上的水手是不會暈船的，其實則不然。不過他們在船上的時間久了，慢慢的習慣成自然罷了（漁夫這樣說的）！

一般人坐船（當然大的船及設備豪華的船是例外），最怕的，就是那種油煙味道，其次是怕看到別人的嘔吐。本來有人不會暈船和嘔吐，但是一聞到油煙味，或看到別人嘔吐時，此時也就非吐不可了。有的人一到船上，就是動彈不得，趕緊找一個地方躺下，任憑風吹浪打，就是不敢動彈一下。有的人在船上不但躺下不能動，還會拚命的吐，一直吐到肚子裡沒有東西了，仍然還是要吐，將肚子裡的黃水（胃液）青水（膽液）都吐出來了，還是繼續不斷的吐。這種人暈船的痛苦，比他遺失了金錢和喪失了地位還要痛苦。不管男女老幼，不管髒與不髒，祇要能躺下來維持不吐，就是天塌下來，也不管了。那種狼狽不堪的慘狀，實非筆墨所能形容。

怕暈船的人，總希望航行之舟有著「千里江陵一日還」的速度，這種希望，做夢也別想。以高馬線七十九浬的航程，澎湖輪也得四至五小時。何況一般的小漁船？時速最多七、八浬而已。當你暈船時，你會感到時間像牛步一樣的慢，預計三小時可走完航程，可是事與願違，那種「日暮鄉關何處是？煙波海（江）上使人愁。」的心情，真難挨極了！

當然，你會看到不暈船的水手（漁夫），他們在船上或立或坐，談笑風生，那副怡然自得的神情，真是羡煞人也。

建國日報

戒煙

「飯後一支烟，賽過似神仙。」如今，我終於不能享受這種神仙的滋味了。記得香煙剛漲價的時候，美珍替我買了一包新樂園回來，就大驚小怪的說「你們薪水還沒有加，可是香烟又漲價啦，還是不要抽烟吧！節省一點，加加菜多好呢？」

我看到她那種不樂意我抽煙的表情祇有對她做了一種苦笑的模樣，雖想講一點必須抽煙的理由來加以拒絕，但是，想到自己的收入，每天吃飯的菜餚，祇好「唔……」了一聲，仍然點燃了一支，慢慢的吸著。可是美珍對這次的香烟漲價，卻非常重視，她看到我這種吞雲吐霧的情景，鄭重其事的說：「吸烟有什麼味道呢？吸進去又吐出來，而且吸煙的人的嘴吧，真是臭死人，不但是我討厭，可說是所有的女人都討厭男人吸煙。你忘記了，那次在郊外散步的時候，你向我求婚，我曾提出不許你吸煙的條件，那時，你像是喪考妣似的，愁眉苦臉的向我要求，說是以後祇在交際的場合裡吸吸煙。」

我聽了她的高論之後，淡淡的回答她：「既然討厭男人吸煙，妳為什麼願跟我結婚呢？」這句話可激怒了她。

「死鬼，」她翹起嘴吧，左手插腰，右手指著我，擺出茶壺式的姿勢，繼續的說下去，「……。當時看到你那付可憐相，而且那時的物價也便宜，我想，一個男人在交際場所吸吸烟，也不算怎麼，就這樣才答應你的，女人！女人就是心腸太軟了，所以……」。

「所以才跟我結婚。」我裝出一付微笑的樣子，打斷她的話，替她說下去。她一聲不響的，用眼睛啾了我一下，就在我對面的椅子上坐下來。

我吸了最後一口，將烟頭拋在地上，小玲不知什麼時候，從外面回來了，看到地上未熄滅的烟頭，她跑去檢起來玩，突然之間，小珍那蒼白的臉，疲弱的身體，破舊衣服，以及明年又該上學了……這些現實的問題，傾刻之間，浮現在我腦海裡，於是我從椅子上站起來，咬牙切齒的跨了二步，將剛才買來的這包新樂

園，使勁的擲到痰盂裡，轉過身，面對著美珍說：「我從現在起，宣佈戒烟。」似斬釘截鐵的聲音，那麼有力，那麼堅決。美珍聽了我這句話，像小鳥似的，立刻飛到我的懷抱，又興奮，又驚奇的神態，二手掛在我的脖子上，眼睛注視著我說：「真的嗎？吉。」看到她那付高興的臉龐，我點點頭，將她摟得緊緊的，吻……。

小珍不知何時抱著美珍的腿，大聲的叫：「媽媽。」我倆聽到這聲音，才鬆開了手，美珍彎下腰去，笑迷迷的對小珍說：「小珍乖乖，明天媽給妳買個洋娃娃。」

48．11．21，建國日報

向妳傾訴

與妳離別之前，我曾想過：「時間的過去與空間的延長，會將一切忘記。」然而，現實正與我的想法背道而馳。還是別人說得對：「寫在黑板上的字容易擦掉，烙印在心板上的事卻不易忘記。」這真是至理名言。雖然如此，我還是想將妳的倩影封存起來，像富人珍藏珠寶似的，直至永遠。可是，事實不可能呀！因為回憶甜蜜的情景，是我最幸福的享受。尤其最近同事的來信，提起妳的近況，更引起了我對妳的懷念，也可說是我寫這封信的動機。

妳可曾知道，我為了不願和妳常常見面，而免得引起我更大的痛苦，我克服了多少朋友同事的勸告與阻撓，毅然到這風沙島之稱的澎湖。我想讓海水來沐浴我心靈的創傷，讓風沙來迷惑我的眼睛，免得再為妳盼望。記得，當我第一次踏上馬公港的碼頭時，四顧之下，無一親戚朋友，這種孤獨的遊子情懷，使我嘗到人地生疏的痛苦滋味。不知何時臉上掛著二串淚珠，我不自覺的用手帕擦去，還

以為是海浪濺起的海水呢？

我是抱著「種瓜得瓜，種豆得豆。」的心情，化掉不算短的時間，來培養我倆的情感，可是我得來的代價是什麼呢？祇是一種痛苦的別離，這種祇有耕耘，而沒有收獲的悲傷情景，妳也會想得到的吧！

記得我倆相戀之時，我曾將胡適博士的治學方法「大膽的假設，小心的求證。」應用在我倆的愛情裡。我曾大膽地假設我倆不可能成為永久的伴侶，但是，我總是各方面去求證我倆可能成為永久伴侶之道。不是嗎？妳的個性是外向型的，而我正好與你相反，有時妳邀我去看電影，結果，不但是電影未看，而且妳還陪著我在家聊天，當假日的來臨，妳總是提議到郊外旅行，可是每次妳都能遷就我，而願跟我到圖書館去消磨一整天，有時妳購置一件衣服，也徵求我的意見，雖然我知道妳是喜歡大紅大綠的顏色，但是妳算聽我的話，買回來的是樸樸素素的衣服，還有這一連串的情投意合的事實，難道不能作為我倆可能成為永久伴侶的證據嗎？可是，事實擺在面前，妳找到了有錢有勢的公子，竟願與我分道揚鑣。

我知道我的生命到目前為止，仍然像一部丙級的影片，裡面沒有偉大的場面可供妳觀看，也沒有寶貴的鏡頭值得妳欣賞。但是，妳該知道，我是盡了我最大的努力，無論如何，那種勞苦堅毅的奮鬥精神，依然隱約可見，何況未來歲月方長，誰能預料沒有好鏡頭出現呢？可是，妳卻這樣的注重現實，這麼忍心的與我絕裂，實在使我感到寒心。

末了，志璋！我實不願多向妳傾訴，因為這多餘的傾訴，對我倆的別離，亦無補於事，不過妳的情影，在我的記憶裡，始終是佔著那麼重要的地位，實在難以使我忘棄。在這海天迢迢，眼前一片渺茫和遼闊，除了對妳的思念之外，真感空虛啊！

48・12・10，建國日報

永恒的愛

我想起一首歌：「若我說我愛妳，這就是欺騙妳，若我說我不愛妳，這又違背了我的心意，昨夜，我想了一整夜，今宵又難把妳忘記。總是不能忘記啊！不能忘記妳。不能忘記妳，就是愛情，難道這就是愛情？」

是的，自從認識了妳，我心中用感情築成的堤防就崩潰了。雖然是近水樓台，亦未能得月，不能不說是我一生的遺憾。因為妳的點點滴滴，片片情懷，在我的腦子裡，填滿了每一處的空白。然而我費盡心機，想把妳的倩影劃出我的生活圈子，除了祝福妳永遠快樂之外，不再尋找妳的影子。

花開花謝，春去秋來，經過多少個寒暑啊！早已滄海變為桑田，我心湖裡被妳激起的漣漪，慢慢的已趨波平。是上帝的安排？抑是魔鬼的愚弄？曾幾何時又得知妳的訊息，一年四季生活在冬季裡，竟成為孤伶與冷漠的包圍，日常含著委屈來強顏歡笑。

我了解妳，妳是屬於一個賢妻良母型的女孩，如今，妳雖成為良母，但是在他的心目中卻不是賢妻。因為妳買最廉價的化妝品，他還會嫌妳浪費，妳用盡心思，用最少的金錢去維持全家人的營養與健康，他還是嫌妳不知節省。日常生活像一潭死水，任憑狂風急雨，也揚不起一點波紋，最好的電影，他不陪妳去看一場，最閑暇的日子，也不會陪妳到郊外走一次。和他商量家務事、他充耳不聞，家裡被孩子弄的七凌八亂，他也視而不見。而且一天到晚，都是一副聖人的臉孔，以致家中日常的生活，缺乏歡笑，子女之間，亦無天倫之樂，更少閨房之趣……。

啊！太多了，我不願再聽下去了，就是聽到的那一部份，我就嫌太多了。因為以妳慈愛的容顏，處世的才華，待人接物的舉止……，不應該接受這麼多的委屈。所以，我得到你的訊息後，我一直難過，白天精神恍惚，晚上難以成眠，妳在家中的影子，生活的每一片斷，以及過往的，現在的，還有未來的……，像電影一樣，一幕幕的在我腦海裡映現。啊！可憐的妳，為什麼紅娘所牽的紅線，會亂七八糟的錯把妳和他纏在一起呢？我為妳叫屈，為妳抱不平。但是，如今的我，又該如何來幫助妳呢？妳的委屈，妳的冷寞……，與我有什麼關係？為什麼我還要這樣的去關心妳呢？雖然過去我倆曾經兩情繾捲，但是到頭來，還不是勞燕分飛？從前的一切，煙消雲散，已成過去。我實在找不出任何理由再去關心妳的一切。可是，事實擺在眼前，我無時無刻不在想念妳。這就是永恆的愛吧！想到你平常為了排遣孤伶與冷寞，而去學彈琴，以為「時人不識余心樂，將謂偷閒學少年。」其實，我最清楚，妳就是因為心裡不快樂，才想學少年去彈琴啊！

現在我唯一能為你做的，就是對妳勸慰與勉勵。歡樂的生活，雖然不是片面的，但是只要妳細心的耐心的去創造源泉，我不相信得不到的，所謂頑石都能點頭，何況他是人？

唉！我恨不得把時光倒流，假如我倆都是「年少不識愁滋味」那該多好。如今，絕不會有「替人垂淚到天明」的痛苦了。

回想那次的約會，真是應了「此生此夜不長久，明月明年何處有」的詩句。

66．4．21，建國日報

我的好太太

我很幸運，有這麼一位溫柔體貼的太太。

當我未結婚以前，久不見面的熟朋友，相逢時，總是開口問：「老張，還是光棍一條？為什麼不找一個呀！」「啊！不容易。」「要求的條件降低一點，何必那樣苛刻呢？」這確是朋友盼望我成家的忠言。「終身大事，還是慎重一點。」「我看你哪！一輩子光棍打到底。」是的，照我自己的理想，很可能一輩子光棍打到底。因為，我抱著寧缺的心情，來處理自己的終身大事。

其實，在我理想中的太太，說起來，要求的條件並不嚴格。祇是希望有這麼一位樸素，溫柔，聰明，伶俐的條件就夠了。

緣份！真是上帝為我安排了，我來這小島上不久。我認識了理想中的她秀真。

這是三年前的事，有一次某康樂隊來此地慰勞駐軍。但是，在這小島上，雖然是慰勞駐軍，事實上，仍是軍民同樂，就在這偶然的機會裡我認識了她。經過一年多的友誼，一年多的戀愛，我倆終於結婚了。

在婚前，我曾坦白的向她說：「秀真，和我結婚後，在物質的享受方面，會給妳太大的失望。」「唔！漢，你又來提這些，我不聽。」她撒嬌似的神態，二眼直瞪著我。「真的，秀真，我的收入實在太微薄了。」我仍然很誠懇的對她說明。「我曉得，何必總囉唆呢？我不相信，人的生活，完全靠物質的享受。」這是她熱愛我的表現。雖然我用現實來考驗她，但是，她的意志，卻忠貞不移。所以，我倆在一個春色撩人的日子裡，宣告結婚。

我倆婚後如膠似漆的甜蜜生活，確是贏得不少人的讚美。可是好景不常，到了真正考驗她的時候了，那是我倆愛的結晶小真的降臨。因為她頭一次分娩，在醫院裡，曾動了一次不大不小的手術，花去了我借支三個月的薪餉。待她出院回來，不但不能買點補品給她調養，連菜錢也成問題了，又不願向秀真說明，怕增加她的精神負擔，所以，下班回來，仍然裝出一付愉快的心情。但是這種愉快，無法掩蓋臉上的愁容。秀真知道我有心事，很溫柔的對我說：「漢，你愁什麼？」「沒有什麼？我祇是想買點什麼補品給妳調養，使妳的身體早點復元」「啊！這個嗎？何必妳担心呢？我不需要什麼補品，你看，我的精神多好」。但是我內心的歉疚，無法使我愉快。

第二天，我下班回來，她交給我一筆不算少的錢，使我感到驚奇，「秀真，那來這麼多的錢？」「我們給婚時，你送給我的金項鍊，帶在頸上有什麼用呢？這次花了這麼多的錢，我想，你也沒有錢了，所以，上午請李太太帶去賣了。……。」

我無話可說，將她摟在懷裡，盡情的吻。因為，她為了使我愉快，什麼都願犧牲。

49・2・6，建國日報

給萍兒的信

門楣上貼著「之子于歸」，門的二旁，貼著「殆其吉兮。穀我士女；式相好矣，宜爾室家。」的聯語。明天，明天就是妳表姊出嫁的日子，喜事，真是喜事。

「喜事？和結婚的喜事真是太不相同了。」妳舅舅喃喃自語，神色黯然。

女兒出嫁，人去樓空，留下的，祇是一片別離的悵惘。因為撫養女兒二十多年，朝夕相處，如今出嫁了，父（母）女之情，一旦離別；怎麼不感到黯然神傷呢？

萍兒，現在妳雖然還小，離出嫁的日子，尚有一段漫長時間。（十多年，也許轉眼就到了。）可是女兒出嫁的情景，卻給我無限的感觸。

自從妳媽懷孕之日起，我就一直關心著妳，注意胎兒的營養，到醫院檢查胎位的正常……直至妳媽媽生產之日，我更感到緊張萬份。待妳呱呱墮地，心頭上沉重的負担，總算放下來了。妳的出生，帶給我和妳媽無限的快樂，但是也帶來了無限的憂愁。

當然，妳出生至今，我和妳媽對妳愛護備至。天冷怕妳著涼，為妳加添衣服；天熱怕妳熱壞，趕快買支電扇；雨天怕妳淋濕，為妳購置雨衣雨鞋；祇要一餐妳沒有吃飽，一定為妳準備點心。怕妳營養不夠，補充許多營養品，如妳生病，非常著急的為妳找大夫，妳不小心跌倒了，爸媽內心比妳的創口還痛……。祇要妳快樂，笑口常開，我和妳媽媽，就會感到高興。

當妳到了入幼稚園的時侯，爸爸第一個到幼稚園為妳報名的，待妳上了小學，爸媽經常拜托妳的導師，希望妳的功課能夠入甲等之林。在家裡，爸媽經常的告訴妳一些待人接物，進退應對之事。妳的健康，學業，品性……這一切都是為了妳的將來呀！希望妳將來，身體健康，學業上有些成就，待人接物能有禮貌，能找到一位如意郎君，擁有美滿的家庭，相夫教子，為社會供獻一份力量，能如此，爸媽的心願足矣！

但是，現在爸媽對妳，仍是憂心冲冲：妳的身體是否一直無恙？學業會否有成就？進入少女時代，是否會走入歧途？和太保在一起而成為太妹？將來出嫁，是否會找到愛妳的夫君？妳自己是否能相夫教子？成為賢妻？亦為良母？這一連串的問題，祇要有一題否定，爸媽都會遺憾終身。

萍兒，明天，妳的表姊就要出嫁了，妳舅舅、舅媽的心情，爸爸是可想而知的，所以，在這萬籟具寂的午夜，爸爸走到妳的臥房，探視妳的睡態，蘋果似的臉蛋兒，尖尖的鼻子，小小的紅嘴，眼睛合上，我知道妳現在進入溫柔鄉的世界。

萍兒，平常當妳說話做事不合爸媽的意見時，真希望妳快點長大，免得爸媽生氣，傷腦筋。可是一想到妳將來是否會達成爸媽的心願？所以，心情矛盾起來，倒希望妳不要長大，年年月月時時刻刻陪伴在爸媽的身邊，聽妳無忌的童言，看妳幼稚的動作……。

所以，我輕輕的對妳說：「萍兒……慢慢的長大吧！」

64．2．5，建國日報

讀兒童福利法有感

彥兒：

在這寂寞的孤島上，使我有很多的時間來想念你，每次要和你分別時，你舉起小手，說聲「再見」！聲音是這樣的低沉，低沉的幾乎聽不清楚，而且你的眼框也紅了起來，垂頭喪氣地。我看到你那副神態，也不覺黯然神傷。其實爸爸又何嘗願意離開你？還不是為了想多增加一點收入，使家裡的生活過得更好一點，並且也為自己的生命史上添一點點彩色而已！

爸爸每次回家來，都會婆婆媽媽的告訴你做這個，做那個，不要這樣，不要那樣。看你當時那付不高興的樣子，恨不得爸爸天天不在家。你喜歡怎樣，就可以怎樣。因為你媽媽總認為你是一個男孩子，不願過分的壓制你。所以，你就越來越頑皮。我在家時，經常看到你，不是逗大妹妹哭，就是逗小妹妹鬧，雖然你

比較怕你姊姊，但是你還是和他爭吵不休。有時爸爸正在看書或閱報，你偏要爬到爸爸背上，拿爸爸當馬來騎。在忍無可忍的時候，不得不要體罰你，當你接受體罰後，乖乖的躲在一角，獨自一個人在玩時，爸爸又後悔不該對你體罰。因為你現在還小，才要爬到爸爸身上來騎馬。再過十年八年，請你來騎馬你也不願意了呢！

有一次，爸爸帶你們逛街，隨便買一點糖果，分給你們，姊姊妹妹都欣然的接受。唯有你，就是不要糖果，非要買那玩具行的電動汽車不可。孩子，你不知道，一部電動汽車的價錢，可為全家買幾天的菜呢？想來想去，還是讓你失望了。回到家裡，你一臉的不高興，可是，你知道爸爸一月的收入究竟有多少？能夠供你隨心所欲嗎？

晚上，爸爸睡在床上，久久不能成眠，有時叫你做功課時，你就頂嘴說：「考試一百分就好了，還做什麼功課？」想來想去你的話不無道理，這個年頭，學生做功課，就是為了考試，考試能考一百分就好了，也就是學校的功課都會了，還做什麼功課？

還有，就是每當看見你開冰箱拿東西吃時，爸爸就會罵你貪吃。其實，你正在茁長發育之時，消化良好，怎麼會不喜歡吃呢？當你生病時，帶你們到醫院打針回來，頻頻詢問你要吃什麼東西，糖果？點心？水果？……可是你的答覆，都是搖頭。那時，爸爸多盼望你喜歡吃點東西啊！祇要你點頭，要什麼東西，爸爸都會買的。

孩子，爸爸的心情就是這麼矛盾，當你喜歡吃東西時，會罵你貪吃，當你胃口不好時，又盼望你喜歡多吃點東西，孩子，當你受到爸爸的責備時，是否能體會到爸爸這種心情？

孩子，爸爸有時想到責備你的不當而後悔，有時想到你的頑皮而可愛，有時想到不能滿足你的需要而愧疚，有時想到你的未來而感到茫然……。

孩子，你現在還小，不能體會爸爸的苦衷，不論爸爸打你、罵你、管你、教你……，這一切的一切，還是為了你。

64・3・29・建國日報

理髮記趣

大概有二星期了，尚未去理髮，那天假日，妻對我說：「今天好去理髮了，看你的頭髮那麼長，像什麼。」真的，頭髮長了實在不太好看。所以，至今我仍想不透，現在的年輕人喜歡將頭髮留得長長的，像女孩子一樣，究竟有什麼好處？

我認為理一次髮，「不教白髮催人老，更喜春風滿面生。」確實是這樣的。

現代理髮，真可說是一種享受。不是嗎？當你走進理髮的大門，就有如花似玉的小姐歡迎你，往電動椅子上一坐，小姐走到面前，輕聲細語的問你：「理髮？先生。」你祇要把頭一點就可以。假如天氣熱，立刻送來一條冰毛巾給你拭臉。然後小心翼翼的為你圍上雪白的圍巾，再問你的髮式是照舊？還是換別的式樣？（老顧客則免）你可隨心所欲的告訴她，要理高一點或低一點，要剪短一點還是照老樣子，悉聽尊便。所以，當你坐上了理髮的椅子，就像當了皇帝一樣，你的頭髮要怎樣理，小姐豈敢說半聲「不」字。你要看報紙，會拿一張給你，需要另外一張，馬上為你換掉，假如不願看報紙的話，也可聚神會神的看鏡中小姐為你理髮的一舉一動，亦可與她談談天，說說笑，無傷大雅，或者閉目養神，讓她將你的頭髮精理細剪，如有工具不銳或不小心將你的頭弄到有不適的感覺時，祇要將頭稍微的動一下，她心理就明白什麼地方不對勁，馬上換工具陪笑臉說：「對不起」。

頭髮剪好洗頭時，冬季的話，有適當溫度的熱水，擦上肥皂，一雙玉手，不疾不徐，不重不輕的在你頭上抓來抓去，如正抓到養處，那種愉快的滋味，真是不可言傳。洗好頭之後的修臉，也是享受之一，躺在椅子上，這時你不能看報，假如你愛欣賞小姐美麗的臉孔，可目不轉睛的直看，否則閉上眼睛，讓刀子在你臉上輕輕的刮來刮去，刮耳朵上，那種微微的癢的滋味，真是舒服透了。

假如你是滿臉鬍鬚的人，除了擦上肥皂之外，更用熱毛巾糊著，待時機成熟，將熱毛巾拿開，一手在你下顎唇邊壓的緊緊的，連鬍鬚的根也剃光，再用

滑膩膩的手掌，在下顎、唇邊，臉上摸來摸去，試探有無頑鬍殘留。一切妥貼之後，再剪鼻毛，這一道手續，我最不欣賞，此時連呼吸都停止了，因為怕剪斷的鼻毛吸入鼻孔裡面，其實，這是多餘的顧慮，但是心理上總有這種想法。

修臉完畢，用毛巾再擦乾淨，然後擦面霜，在小姐的心目中，你有皺紋的話，她很希望將它擦掉。有的理髮廳備有電動按摩器，在你週身按摩一遍，使你感到輕鬆舒適。

頭髮吹風，可說是一種藝術。待髮姐問明你喜歡什麼髮油之後，就用鬼斧神工的技巧，將你的頭髮吹出你喜歡的髮型。無論什麼髮型，也有一個原則，年輕人與老年人的髮式，絕不顛倒過來。

最後付帳，你稍微大方一點，多給一點小費，那對你的禮貌，幾近卑躬屈膝了。此時此刻，你會感到飄飄欲仙。因為平時屬於販夫走卒，卑職小吏之輩，如今一變竟成為受人如此的尊敬了，其不快哉。

這一套理髮手續，至少也要一小時以上，才可證明其功夫的認真。否則，屬於馬馬虎虎的了，下次再來之聲定成為絕響。

記得以前我在××福利社理過一次髮，一來貪其便宜，二來免得外出，浪費時間，所以就進去了。坐上理髮椅到吹風完畢，不到十分鐘，一聲「ＯＫ」，我站起來對他說：「你的技術不錯嘛！」他笑嘻嘻的回答我：「馬馬虎虎。」是客氣？還是真心話呢？我的天，像這樣的理髮，縱使倒貼我幾塊錢，也不願再去光顧了。

我喜歡細心、認真、技術高明，而且漂亮的小姐理髮，因為理髮是一種至高的享受。我奉勸現在留長髮的青年人，趕快去理髮，體會體會理髮的樂趣吧！

64・3・10～11，建國日報

看日出日落的感想

我何其幸運，竟有機會長年累月的住在台灣海峽的一個小島上，經常看到海上日出日落的奇景。

記得住在城市的一段時間，經常看到有些友人，在「偷得浮生半日閒」的時間，千里迢迢的跑到阿里山上去，在曚曨破曉時分，看到日出的奇景，嘆為觀止，遂起我非去看一次日出的念頭不可。

十年前，承友人之荐，到這海峽中的風島上來服務。別人認為是謫官貶吏之偏遠地區，我卻欣然而來。而且一住就是十幾年，使我深深愛上這純樸的地方，以及誠摯的友人，同時更愛上了在晴朗的天氣下，早上看旭日東升，傍晚看落霞殘照的奇景。

日出日落的奇景，自古至今，已有很多騷人墨客而有聲有色的描繪過，讀來引人入勝。現在我再來寫日出日落的奇景，雖不抄襲人家的陳言舊詞，但定有「畫蛇添足」的味道。所以，現在我要寫的，不過是看日出日落的一點感想而已！

多少文人雅士，將青少年時期，比喻為「旭日東升」；中年時，謂之「日正當中」；到了老年，則形容為「日暮西山」。這種將人的一生與太陽升降相比，真是再恰當不過了。

我很高興，我住的地方靠近海邊，舉目眺望，真是天連水、水連天。像詩人的詩句：「遠看不見山，那天邊祇有雲頭，遠看不見樹，那水上祇有海鷗。」所以，當天氣晴朗的日子，在雄雞報曉之時，即可披衣起床，到海邊去看日出。此時夜幕仍然低垂，天空仍有稀落的晨星閃爍，四週是這樣的寂靜，除了海潮的澎湃聲音以外，有時夾雜著漁船開動「嘟嘟嘟……」的響聲。那時，站在海邊凝望東方，讓海風輕輕拂來，縱使昨天有千萬煩惱，此刻亦會被消滅於無形。因為你會感到宇宙的偉大與自己的渺小啊！當東方一帶的曙光衝破黑暗時，那燦爛的朝霞，有橘黃、紫、絳紅、金紅……。這些金光燦爛的景色，次第呈現，轉瞬間，又次第消失，最後，在海平線上捧出一輪紅日。當你看到這些奇景，你會欣喜萬分。就如一個男人結婚之後，盼望太太懷妊十個月到期，當嬰兒呱呱墮地之時，那種做父親的喜悅，豈是光棍男士所能體會得到的？未見過日出的人，無論怎樣對他形容日出的奇妙。但是他的感受絕不能與看見日出的人相同。

剛出來的太陽，它的光是這樣的柔和，熱是這樣的適當，給予宇宙萬物無上的享受。恰如嬰兒降生至青少年時期，給予家庭的是無限的歡樂。所以一般父母對自己的子女，總是愛護備至。

初出的太陽都受萬物的歡迎，初生的人，同樣該受到人們的喜愛，我們為人處世，豈可違反自然法則？

至於夕陽西下的情景，也是有多彩多姿的一面。那種萬千色彩，與朝霞相彷彿，雖然金光燦爛，但是「可惜近黃昏」。總是帶給你些微的感傷，輕淡的哀愁。

老年人的心境，雖然我不是心理學家，而且自己也未進入老年之境，以致不得而知。但是與黃昏相比，大概是百步與五十步之遙吧！

因為每一位老年人，都有其青少年時的憧憬，中年時的奮鬥，甚至有光輝燦爛的事業，所以，有的老人，沾沾自喜的述說過去青少年時如何如何的希望，中年時如何的奮發，以及現在仍是如何如何？所以一個人不管過去的事業是如何的輝煌，但是進入老年，總是日近黃昏了。

太陽從初升到西下，已將它的光和熱，散佈在整個宇宙，讓萬物吸受其光和熱，慢慢的茁長，開花、結果……，老年人呢？同樣的，從青少年到老年，給予家庭的歡樂，給予社會的服務，給予國家，人類的貢獻，給予後代的養育……，讓人類世世代代的繁衍，文明日益的進步。試問人的一生，與太陽又有什麼不同？

所以，當我們看到旭日東升，便感到人生有無窮的希望，當我們看到夕陽殘照，則有無窮的回味。

62．5．17，建國日報

燃燒自己 照亮別人

—某離島分校主任甘苦談—

台灣教育之發達，無人可以否認，祇要有人居住的深山，或是孤懸海中的小島，都設有學校，學生人數少的，則設立分校。

我很榮幸，有機會擔任某一小島上的分校主任，當開學前一天，乘漁船到達此孤懸海中的小島時，發現沒有碼頭可靠，由漁船換到小舢板上，實施搶灘，第一次登陸將衣服鞋襪弄濕，還算是無風季節呢？上岸後，第一件事，是解決民生問題，島上唯一的一間雜貨鋪，物品不但少，而且價錢昂貴，如雞蛋，在城市不過一元三角四角一枚，在此得二元一枚，蠟燭城市六元一包，此地得花九元，其他物品，均較城市加二成到三成不等的價錢出售。多領二百多元的外島加給，豈夠外島物價昂貴的補償？好在此地駐有很多國軍官兵，承他們的協助，解決問題，此時此地，真是難能可貴。

島上面積，不足一平方公里，有四十幾戶人家，大小三百三十餘人，年青力壯的男人，是島上三百餘人生存之支柱。學生僅有八十餘位，個個長得健康活潑，雖然皮膚稍嫌黑一點，但是真誠樸實的模樣，仍然逗人喜愛。他們日出到校，日入而息，雖然娛樂方面太缺少，但是他們的童心，仍然十分的快樂。

我為了學校必需的用品，趕往馬公採購，發現一個極大的問題，三班二位老師，（隔年招生一次，今年二、四、六年級，二四年級合一班，六年級一班。）我一走，僅一位老師在學校，這一位老師要負責三班。我想：這一位老師就是孔老夫子的化身，也難將學生教好。何況還是平平凡凡的師範畢業生呢？往馬公一趟，少則三天，多則不知道天數，因為無固定的交通船舶，祇有靠天（運）氣往返，天氣好，漁民出海捕魚，沒有船往市鎮，天氣太壞，船隻不能航行，這樣耽誤功課，誤人子弟，思之，不寒而慄。我真想不透，每班教員一・二的編制，二班派三位老師，也不過佔〇・六的便宜，為何縣府對偏遠地區如此的吝嗇？

麻雀雖小，五臟俱全，辦理營養午餐之事，也免不了。談起營養午餐，非親歷其境的人，是無法了解的。領取物資，困難第一，不是嗎？未提領之前，先打聽漁船返航之時，然後顧車運到碼頭，一包包、一桶桶的提到漁船上，返回學校之地，又無碼頭可靠，再由漁船一包包、一桶桶的搬到舢板上，由舢板划到海灘，又是一包包、一桶桶的提到岸上。又怕浸到海水，又怕包裝破裂，這都是老師親手的工作。捫心自問，實可比美碼頭工人，小心謹慎方面，而且有過之而無不及。

現在供應的午餐，營養嗎？祇有吃過的人才知道，每月每一學童收費八元，包括運費、酵母粉、酸粉、鹽、煤，用具……連請工人的工資也無法籌出來，祇好央請校工代做，校工的工作由老師代理。這種午餐的供應，對學童的營養實無濟於事，不供應嗎？有礙政令之推行。或者說是提高副食的收費嗎？收了錢而買不到菜供應，如何向家長交代？唯一盼望的，是比照軍人加發一些各種肉類的罐頭。

在這偏遠的孤島上，住也是問題之一。民房出租的少，而且租金也不便宜，環境衛生更差。不得已！衹有將危險教室整理為宿舍，在這種年久未修的教室上課，當然危險，因為學生都是國家未來的主人翁，萬一塌下來，那還了得？可是成為宿舍，因為住的是老師，萬一塌下來，也不過壓死二位老師而已。經常聽到當局提倡尊重師道，可是連老師的生命危險都不顧，不願化點錢蓋間單人宿舍，還談什麼尊重師道？難怪一般民眾的觀念是老師為了吃飯才到這裡教書，奈何？

吃的方面，在這偏遠地區，不用說，可想當然耳。交通不便，有錢也買不到，所以營養不談，祇要能維持生命的延長，就算不錯。

在這孤島上，真正成了孤陋寡聞的人了，除了電晶體收音機可聽聽新聞報告及音樂外，則一無所有，報紙雜誌常常十天半月甚至一個月以上才能到達一次，新聞祇好當歷史看了。打牌喝酒，非當老師之娛樂，讀書寫作，靠支洋蠟燭，火焰晃來晃去，眼睛沒有毛病的，將來不久之時，也得帶副眼鏡。

離島的生活，是苦的，所謂「吃得苦中苦，方為人上人。」不過，真的能為

人上人嗎？這句話不無疑問，唯能自慰的，將自己比喻蠟燭，「燃燒自己，照亮別人。」

61．10．15，建國日報

哀悼，悲痛，憶童年

記得去年本刊出版時，筆者曾以〈迎春三願〉為文，其中一願，即是「願蔣總統經國先生身體健康，領導我們早日以三民主義統一中國。」為今再執筆為文時，我們的　蔣總統經國先生卻離我們而去。留下給我們的，是一份要我們去完成的遺囑外，則是無限的哀思與悲痛。

我第一次見到　蔣總統經國先生時，是他老人家任江西省第四行政區督察專員，在贛州的虎崗，創辦了「中國兒童新村」。那時我何其有幸，進入虎崗就讀。記得有一天虎崗遭日機轟炸後，他老人家來巡視，我們列隊歡迎，那時我們年紀雖小，但是知道他老人家是如何的關心我們。當時他穿一襲黃卡磯的中山裝，神彩奕奕，走近行列裡，摸摸同學的頭，並且問長問短，顯得那麼慈祥，這是我生平第一次見到　蔣總統經國先生。

其次我對　蔣總統經國先生印象最深的，是我們背誦他老人家撰寫的〈新贛南家訓〉，茲恭錄如下：

　東方發白，大家起床，洗臉刷牙，打掃廳堂，天天運動，身體健康，內外整潔，整齊大方，時間寶貴，工作緊張，休息睡覺，反省思量。吃飯吃粥，種田艱難不忘，穿衣穿鞋，要從辛苦作想，事事宜先準備，免得臨時慌張，春天栽樹木，夏天造穀倉，秋收多貯藏，夏衣春天做，冬衣秋季量，天晴修房屋，天雨補衣裳，戶戶養雞鴨，家家畜牛羊，處處要節約，無事當做有事防，時時要儲蓄，有錢應作無錢想，青菜豆腐最營養，山珍海味壞肚腸，服裝器具用國貨，經濟耐用頂適當，父母教子女，兄姊教弟妹，勿貪錢財勿說謊，戒煙戒賭莫遊蕩，生活要克苦，婚喪勿鋪張，待人要誠懇，做事要有常。態度要從容，舉止要端方。友愛兄弟，孝敬爺娘，妯娌和睦，一家安詳，不聽閒話，自己有主張，不管閒事，埋頭幹一場，禍從口出，休要說短長，病從口入，衛生不可不講，做過善事，不記心旁，受人恩惠，永久不忘。遇困難，不徬徨，處順境，不誇張，做好事，莫宣揚，作壞事，莫隱藏。人家急難相援助，人家成功要贊揚，口角訴訟，兩敗俱傷，大家規勸，互相幫忙。引誘親友做壞事，欺人欺己昧天良，欺心賣國做漢奸，辱祖辱宗害親房。不管農工商學兵，都做堂堂好兒郎，政府機關去服務，多求進步圖自強。犧牲個人利益為國家，放去一時安樂為民族，男女老少受軍訓，全體動員拿刀槍，人人都是中國兵，個個都去打東洋，國難已當頭，戰事正緊張，日本鬼子不消滅，中華子孫沒福享。有錢快出錢，有力快出力，壯丁去當兵，老人看家鄉，婦女耕田地，兒童上學堂，大家一條心。服從　蔣總裁，趕走日本鬼，共賀大勝利，建立新中華，萬歲萬歲萬萬歲。

這篇〈新贛南家訓〉，不但學生會背誦，其他公教人員更不用說，就連一般鄉村婦孺，也會琅琅上口的背誦，除了背誦之外，更是腳踏實地的力行，對新贛南之影響至深且遠。

另外是　蔣總統經國先生任贛南專員時，印象特別深刻的是提出建設新贛南的五大目標：「人人有工作，人人有飯吃，人人有衣穿，人人有屋住，人人有書讀。」這五大目標，在機關學校，公眾場所，到處懸掛著，那時我雖不懂建設新

贛南的目標如何去實踐，但是我全體贛南的民眾，身受其恩澤則是無庸置疑。

因為我江西贛南在以往的日子裡，屬於文化閉塞，一切落後的地區，但在他老人家主政贛南期間，以其勤勞愛民的風範，處事接物之睿智果斷，致使此一地區，政治清明，人民安居樂業，真正所謂路不拾遺，夜不閉戶。雖然不能稱為天堂，但是建設新贛南之五大目標，則已達成，創造了一個安和樂利的新社會，則是事實。

以上點點滴滴的童年回憶，雖將近五十年的歲月，但是他老人家那慈詳和藹的容貌，仍然深刻的印在我腦海裡，他那勤政愛民的風範，永遠植在人民的心中。如今，他老人家離我們而去，除了哀悼與悲痛外，更增加我們無限的思念。

贛南客家山歌

我的故鄉——贛南，係客家族群，小時候經常跟隨大人到山上去砍柴、割草，常常聽到他們在唱山歌，有的獨自一人在唱，有時聽到男、女對唱，那種山歌的唱腔，確實很好聽。

這些男女唱的山歌，我也不知道他（她）們怎麼學來的，因為很多男女都是文盲，大字不識一個，不可能從書本上學來，我想都是朋友或是同儕之間互相學習到的，也許有像急智歌王——張帝一樣的才華，隨情境而唱出來的山歌；自從離開大陸，撤退到台灣，四十多年來，從未聽人唱過客家山歌。

自從政府開放探親至今，我返鄉探親超過十次，因為雙親尚健在，故每年都利用暑假回去探望老人家，有幾次我停留在家鄉的時間比較長一點，很想收集那些山歌的歌詞，就去詢問比我年長的長輩及同儕，他們都說好久沒人唱山歌了，以致歌詞都忘記了，我也曾在贛州、南康、龍南、定南各縣城的書店去搜尋山歌

的書，可是就找不到。

最近，在江西網站上，偶然看到【贛地藝苑】，點看發現贛南客家山歌，於是抄錄幾首如下：供喜愛客家山歌的讀者，激起回憶，提供更多客家山歌的歌詞，能編輯成冊，廣為流傳客家文化。

一、茶農唱的山歌：「話起茶農真可憐，半碗酸菜一撮鹽，吃杯老茶算是酒，吃碗豆腐算過年。」

二、兒童放牛唱的：「放牛崽子好吃虧，戴個笠笪坎坎累，攆得笠笪牛又走，追得牛來伴又歸。」

三、出門謀生的人唱：「肩挑擔子當也當，挑起擔子走四方，好比雩都打鐵老，漂洋過海到南洋。」（註：雩都是縣名，雩都人打鐵是很有名的。）

四、有文學性的山歌：「白字加水就是泉，車加走鳥嫩嬌連，門字肚裡加月字，搭信妹妹厓有閒，化字加草一枝花，言字加舌妹有話，馬字上面二個口，歸去就怕爺娘罵。」

五、在普通中見特殊的男女對唱山歌：「什麼上山尾拖拖，什麼上山穿綾羅，什麼上山溜溜走，什麼上山會唱歌；狐狸上山尾拖拖，鷓鴣上山穿綾羅，南蛇上山溜溜走，畫眉上山會唱歌。」

六、用歇後語的山歌：「咸菜入缸『屈了心』，三弦唔和『走了音』，六月老酒『反了腳』，有情妹子『反了心』」。

七、詼諧幽默風趣的山歌：「早上爬起食顆米，打只山歌來充飢，以為唱歌唱得飽，唔曉越唱越肚飢。」

八、情歌最多的山歌：「山歌好唱口難開，楊梅好吃樹難栽，白米好吃田難種，鮮魚好吃網難開，十七十八唔唱歌，風流日子有幾多，再過二年打一老，歡喜少來愁更多。」

九、以唱情歌表達心意的山歌；「大河漲水小河清，唔曉河下有幾深，撩個石頭試深淺，唱支山歌試妹心。」

十、注重貌美人品的山歌：「南風唔當北風涼，蘭花唔當桂花香，老妹好比桂花樹，大風一吹滿村香。」

十一、思念的山歌：「想你想你真想你，請個畫匠來畫你，把你畫在眼珠上，看在那裡都有你。」

十二、表白生死相依的山歌：「崖係山中長年樹，你係山中百年藤，樹死藤生纏到死，樹生藤死也要纏。」

常言道：「唱戲一半假，民歌句句真。」就這樣真實的伴隨著客家人的生息繁衍發展，山歌成為客家人精神生活中不可缺少的食糧。

資料來源：新華網站。96．6．6，江西文獻

贊成取消退除役軍人轉業教師進修計畫

當我閱讀本刊第二三四期所刊載的一篇藍天君的〈請取消退除役轉業教師國語進修計劃〉，文章的當天，便接到本校×××校長交給我兩張從教育科領回的「國語進修錄音片」，要我準備進修國語。

本來，我覺得藍天先生在他那篇大作裡所提出的意見，實已代表了一般退除役轉業教師之心聲，不想再說什麼話。可是當校長把兩張國語正音錄音片，在辦公室同仁面前交給我的時候，數十對同仁的眼睛都注視著我，雖然他們都沒有說什麼，但從他們眼睛所射出的光芒看，他們似乎都在議論退除役轉業教師的國語不行，所以須要進修。無形中好像我這個教員的程度，遠不如他們。這叫我如何受得了！難道我們這一群退除役轉業教師真的不行嗎？藍天先生曾提供很多理由請取消退除役轉業教師國語進修計劃，我覺得意猶未盡，因此，我也來表示一點淺見。

今天社會人士批評國校學生程度低落，是否專指國語講得不夠標準呢？我想這答案是否定的。指責國校學生程度低落的最大原因，恐怕應該放在國文教學上面，因為國文是到處需要應用的，很容易被人看出是否通順。某某是國校畢業生，連寫一封信都寫不通，這就很夠叫人瞧不起了。假如某某雖是一個國校畢業生，卻能寫出一封文情並茂的信來，一定可以獲得人們的好評了。現在國校學生講的國語，究竟標準不標準社會上絕大多數人，並不能十分明瞭，因為真正標準的國語，除了少數專家之外，就是道地的北平人，亦不見得就是絕對國語標準。尤其是目前一般人的說話，如欲按照標準語去衡量，反會使人感到彆扭，這是事實，例如：「看門」，標準國語是「看磨兒！」可見未按專家研究的標準國語教學？並不止我們這群轉業教師而已！

我們這一群轉業教師，有的在花蓮師資班及員林實驗中學師範部，經過二年的學習，與其他簡師畢業的教師有何分別。他們還不是在簡師學習二年嗎？我們轉業教師國語不行，難道他們的國語就絕對標準了嗎？

關於歷年檢定合格之轉業教師，既然經教育當局檢定認為合格，為何現在又不承認合格？既然現在不承認檢定的為合格，需要進修就該將歷年檢定之合格教師全體進修，應該不限於「退除役轉業教師」，才算公允。

尤其是現在各學校仍有很多高等小學畢業，初中畢業，高中肄業或畢業以及其他職業學校畢業的教師，代課二年三年，以無試驗檢定而取得了合格教師之資格，這些人為何不參加檢定考試？為何代課二年三年即取得了合格教師資格（據筆者所知，很多人初中或高中畢業後，參加檢定考試，無法合格，祇好代課二年三年以無試驗檢定求得合格。）如今，我們這群轉業教師，經過檢定合格，年資最少也有五年六年，為何不能算合格？仍須指定進修國語，難道無試驗檢定的教師，國語都很標準了嗎？全都沒有一點鄉音了嗎？教育當局是根據什麼來判斷的？。

我們這一群轉業教師，國語說得不夠標準我們自己承認，（亦可能有一部人是說得標準的）但是，我們說話措詞，絕不會說出「台灣國語」來，這是可以保證的。可是經教育當局認為合格的教師，說話措詞，卻常有「臺灣國語」出現，難道他們反而不該進修嗎？因為國文才是表達思想最重要的工具。假如有一位每一個字音都說得很標準，但要他將每一個字連貫說出來，卻是一句不通順的話，仍然使人聽不懂，究竟是國文基本程度重要呢？還是國語讀音重要？教育當局當輔導進修的不輔導，反而在我們這群離鄉背井，帶有一點鄉音的轉業教師身上來動腦筋。我們這一群，只不過是少小離家，鄉音未改，並不是什麼丟臉的事，這正表示出我們仍未忘本，仍然記得我們的家鄉在海的那一邊，總有一天要回去的。

其次，教育當局指定要「退除役轉業教師進修國語」，於法、於理、於情，都未盡合。於法來說，我們在花蓮師資班及員林實中師範部畢業時，是依照師範生統一會考國語文及格准予畢業的，或經檢定考試及格的。其他師範學校畢業者及社會青年檢定合格者，均不需進修國語，為何獨有轉業教師要進修國語？於理來說，我們在花蓮師資班及員林實中師範部，都曾經過二年的訓練，與簡師畢業者，所受教育時間完全相同，那些檢定合格與無試驗檢定合格者，都不要進修國語，為甚麼我們這些轉業教師反而一定要進修國語呢？於情來說，我們戎馬半生，退伍後經過訓練，經過考試，獲得了這一份工作，萬一進修以後，仍然考不及格（既然有人動腦筋說我們國語不行要進修，可能有人出題目來難倒我們。）被免職或者自愧不合格而辭職失去這份工作，教育當局又能忍心看到我們到處去流浪而無棲身之所嗎？

最後，我要大聲疾呼呼：請教育當局取消這個退除役轉業教師國語進修計劃。因為教育當局既然愛護我們這些退役軍人轉業教師於先，就該體諒我們帶著一點鄉音教學於後。不要先後矛盾，出爾反爾，希望賢明的教育當局再作一番考慮如何？

公教知識二三八・二三九期

雙喜臨門

晴空萬里，波平如鏡，陣陣的和風，從窗外吹來，送來一陣陣海潮碰擊著沙灘的聲音。老江立在窗前，左手夾著一支烟右手捧著一杯茶，全神貫注的欣賞窗外的海景，傾聽海潮漲落的聲音。他一天的疲勞，像是要在這片刻之間沐浴清淨似的，「江老師！江老師！」忽然樓下傳來一陣喊叫聲，但是他並沒有理會，他以為晚飯後不會有人來打擾的，「江老師！江老師在家嗎？」又是一陣喊叫聲。這一次，他聽得很清變，這是校工陳萬德的聲音，所以，他答應了一聲：「有什麼事嗎？上來！」校工匆匆走上樓來，看見了江老師，就氣沖沖的說：「我剛從馬公帶回來的公事，校長看了叫我送給你，還有一封信，剛剛郵差才送來的。」老江接過公文及信以後，校工說了一聲謝謝，校工也就回去了。他心裡想，這是什麼公文呢？這麼大信封，又是省教育廳的，一方面懷疑，一方面緊張，他用顫抖的手，拆開一看，「啊！」一聲，原來是教育廳來的檢定合格證書。他繼續看那封信，那封信是台灣新營寄來的，這一封信，更使他感到驚奇！雖然他知道，這封信是他的女友金芳寄來的。但是他與她已一年多未曾通信了，因為他以前曾寄了不少的信給她，卻是像石沉大海一樣。今天忽然接到她的來信，怎麼不感到意外呢？

他回到案頭，坐了下來，將那張合格證書又看了一遍。然後，將那封拆開，一字一句的讀著：

舜覺：我真慚愧，今天我又提起筆來寫信給你，我想你會原諒我的過去。從前，雖然接到你寄來一封一封的信，但是我未曾給你片紙隻字，現在想來，實在對不起你。

社會的複雜，人心的險惡，至今，我才恍然大悟。理想越高的人，得來的痛苦卻是越大。希望過豐富物質生活的人，則精神生活卻更枯燥。從前，你曾向我說過，社會複雜的情形，人心險惡的事例。這種誠實的勸告，當時我不相信，但是，一年多來的時間，你的話，在我的生活圈裡實驗，已經證

實是對的了。

舜覺，我抱著懺悔的心情，再回到你的懷抱，請你賜予寬恕我的過去，接受我的未來。謹祝！

愉快

你的金芳敬上

他看完這封信之後，他內心發出一陣陣的微笑。但是，一年前的情景又浮現在他的腦際。那時，他剛到×校當代用教員，本來公教人員的待遇是夠微薄了，何況他是一位代用的呢？當然收入有限。所以，他在各方面盡量樽節開支，與女友的約會，亦不例外，每次他與那位女友約會。總是到海邊走走，了不起，就到冰店去喝杯冰水，然後，就分道揚鑣。他的理由是精神勝於物質。可是她的想法，卻剛好相反，認為跟他做朋友倒一輩子霉。終於在一年前，她用慧劍斬情絲，而開步到台灣去了。……「江老師！」這是同事老張的聲音，將他從沉思中驚醒，「啊！你來了，走！今晚我請客。」他以興奮的心情對老張說。「今天有什麼喜事？」老張疑惑的問他。「告訴你，今天我得到了事業、愛情。」他一字一句的拖著很長的聲音，事業愛情四個字說得更響。「啊！恭喜！恭喜，雙喜臨門。該請客」老張也為他獲得了愛情，事業而高興，於是二人拉著手走了。

49・3・6，建國日報

我聽她的話

是的，如今，我遵照林小姐的話，這樣的做了。整天埋頭的工作，靜心的看書，在腦子裡，沒有留下一點空隙，讓它去回憶過去。

×××

我的事情，林小姐最清楚。我追求那個小胖子的時候，她曾供給我很多的情報。

因為林小姐與她，真像親姊妹一樣，白天一起工作晚上在一起睡覺，可說是整天形影不離。不過，她們二個人的思想，則不太一致，所以，祇要她有什麼動靜，林小姐就會原原本本的告訴我。而且，我也會坦白的將進攻情形向林小姐報告。

無形中，林小姐做了我和她之間的情報站。「知己知彼，百戰百勝」真的，我得到林小姐的幫助，對她的情況，瞭若指掌，所以我倆的情感，可說是日進千里。

不是嗎？我倆認識還不到半年的時間，已進入如膠似漆的情景了。馬公電影院，經常有我倆雙雙的倩影出入。林投公園。通樑榕樹，觀音亭中，體育場上……曾留下了我倆的足跡。

沒有來澎湖之前，聽說澎湖的風是多變的。現在，不但知道了風，連澎湖小姐的心，也知道了。（恕我如此的感覺）。

曾幾何時？我倆的情感，在攝氏一百度的頂點，突然降下至冰點。這使我感到非常的驚奇，我去問林小姐：「林小姐，她怎麼變得這樣呢？」「這是你們二個人的事情，我怎麼知道呀！」林小姐還是用開玩笑的口吻回答我。「不，她的情形，妳一定知道，請告訴我吧！」

我苦苦的向林小姐哀求著。「你自己想想，你得罪她什麼？」林小姐仍然這樣的來試探我。「沒有，我敢發誓，我沒有什麼對她不起的地方」。我理直氣壯的告訴林小姐。「告訴你吧！現在……哎！張先生，她不理你就算了吧！」林小姐似乎不願意將這不幸的消息告訴我。「嘿！林小姐，請妳告訴她吧！我花掉的情感，沒有這麼簡單。」我氣勢兇兇的對林小姐說。

「張先生，何必生氣呢？愛是雙方的，不必勉強，來，我送本書給你看看吧！」一面對我說，一面從抽屜裡拿出一本書來，翻開扉頁，而且將紅鉛筆在目次上，將〈談愛情〉這一篇，重重的劃了二筆。

我接過書回到宿舍去了。

我靜靜的躺在床上，看著那本林小姐給我的《培根論文集》談情那篇，裡面有這樣的話：「……我們該記起古今的偉大人物，很少為愛情顛倒發狂的地步，不錯，這正可以說明偉大的人與偉大的事業，對這種脆弱的情能予以摒除……。」我正在體驗這幾句話的愛情意義時，突然有人敲門。「誰？」我的聲音低得幾乎使外面的人聽不見。「我呀！張先生。」我知道這是林小姐的聲音。開開門，她看到我垂頭喪氣的樣子，好言好語的來安慰我：「張先生，收拾起破碎的心腸，用更有意義的學業來安慰你自己的創傷吧！」

我點點頭，默默的接受了她的勸告。

49・5，建國日報

回心轉意

辦公室裡，本來是清一色的先生們。聊起天來，天南地北，古往今來，無所不談。假如外面發現了一位小姐，大家就會評頭論足的，那個胖，那個瘦，談個不休。

最近我們辦公室聘了二位小姐，現在可說是萬綠叢中二點紅。雖然這二位小姐的長相，並沒有「沉魚落雁之容，閉月羞花之貌。」但是，在沙漠中出現了泉水，不管屬於濁與清，總是會感到高興的。何況這二位還算是差強人意。一位高高的，姓林，另一位比較矮一點的是姓伊，而且二人都受過中等教育，當然是這一羣王老五追逐的對象。以致辦公室也安靜下來了，每一個人講話，也很有分寸，一舉一動，也很有規矩了。難怪，主官在背後說：這二位小姐，等於部隊的二名憲兵。

在這一羣王老五之中，風頭最健的，要算是老張，論年齡，不算大。論長相假如他把頭髮留得像小姐的一樣長，與她們比較，亦不相上下了。論學識，雖然他不行，但是在做事方面，憑著苦幹二個字，別人也不敢看輕他。所以，同事之中，很敏感的推想，老張追她們比較適當，而且也比較有希望。

老張從同事之中，得到這一批資料，晚上睡在床上，很細心的研判，像研判敵情一樣！結果是「旁觀者清。」他心裡一想：對！同事都說可以。於是他便下了決心——追。

老張侍候女人，並非專家，祇是因業務上的關係，接觸的機會比較多一點而已，所以，這就是他追求小姐的途徑。

有一個機會，二位小姐和老張，一起在同事家裡聊天，他請其中一位姓伊的小姐唱首歌來聽聽，在她呢？認為大家平時業務上的幫忙，難道唱一首歌還不肯嗎？於是就答應下來。她正在想唱什麼歌的時候，老張得寸進尺的要求，指定唱一首「夢裡相思」，內心與表面都顯得那麼老實的她，那裡會想到老張的用意呢？

於是高歌一曲，當曲終之後，老張將對歌唱方面的所有的讚美詞句，一起加在她的頭上。這一次，老張確是太愉快了，愉快得那晚失眠。因為，她的歌聲仍在繞樑，整夜在「夢裡相思」。

在一個週末的晚上，老張請她看電影，可是，老張的請求，使她答應了一半，「明天看好了。」雖然這種答覆未能使他感到滿意，總是還有一線希望──明天。

明天，明天是個多麼甜蜜的日子。於是在第二天的中午，老張興緻沖沖的送了一張電影票給她，抱著滿懷的希望，希望與她一同看電影。

星期一老張無精打彩的走進辦公室，同事問他：「昨天有沒有請她看電影？」老張淡淡的回答。「有，與他看了一場。」同事像發現奇蹟似的再問：「那個她？」老張卻不耐煩的答覆：「他，連我也不認識。」這句話使那位特約記者先生，也靜默了三分鐘，其中意義，才恍然大悟。於是這位同事便用溫和的口吻勸他：「老張，不要花這份精神，回心轉意吧！」

48．12．20，建國日報

速戰速決

如今，我很後悔，不該聽從別人的話。因為，尚未成熟的菓子就摘來吃，一定會感到酸的。現在弄到這樣僵的地步，她！連話都不願和我講了。

我和她的認識，還不到半年，不過常常遭遇到同事有意無意的鼓勵。所以，我也就像流行歌曲上唱的戀愛經一樣的去做：「追女人，像衝鋒，不能退，祇能攻……」。以致，有了機會，我就會抓住，而且不願放鬆。如在公餘之暇，她唱一首歌，我會為她盡情的讚美。有時，我會指定一首歌給她唱，她在同事面前，礙於情面，也祇好唱了。

晚上回到宿舍，幾個光棍在一起，談話的資料就有了，多嘴的和尚，他會搶先發表：「今晚要老張請客，你們看，下午他請謝小姐唱什麼歌，她就會唱什麼，假如老張不請客的話，嘿！明天，明天一定倒霉」接著我們這位教授也發言了，「老張，謝小姐看樣子是對你不錯啊！要加油，趕快進攻。」我們這位長者

呂兄，也以善言來勸合：「喂！真的，假如認為她不錯的話，好趕快進攻，拖！拖是一點用處也沒有。」人多嘴多，說得我心花怒放，好像追她很有把握似的。但是，我有我的困難。因為我從未談過戀愛，雖然心裡很想，怎樣才能表達自己的意思呢？所以，提出一些難題來請教了：「現在形式上的追求，我已經做了很多。但是，實際上的追求，應該採取什麼行動呢？」「運用之妙，存乎一心，這就看你們有什麼機會，你就決定怎樣做，那有一定的公式呢！」這位呂兄的答覆，當然使我不滿意。「唉！我就是不知怎樣的去運用，否則的話……早已請你們吃喜酒了。」這最後的一句話，我沒有說出來。

我最高興聽她唱那首「我要追尋，追尋那無限的深情，追尋那永遠的……」所以，那天下午，我又指定她唱那首歌，而且她也很溫馴的唱了。

晚上，在宿舍裡，又來了一陣熱烈的討論，還是這位教授講的，我比較欽佩。他說：「老張，我看她對你的印象真是不壞，還是早點下手吧速戰速決，肯就肯，不肯就算了，我們的本錢青春有限了，她不答應的話，好另外找目標。」

他說了這幾句之後，又湊近我的身傍，在我的耳邊很細聲的說著：「有限的本錢」這句話，確是打動了我的心！肯就肯，不肯就算了，於是，在一個機會裡，我開始了實際的追求行動。

「娟，我想問妳一句。」我第一次這樣的稱呼她。「什麼話？」她兩眼瞪著我，「請妳判斷一些，看看我夠不夠資格講這句話。」我也二眼瞪著她，還帶著笑容。「講啊，不講出來，教我怎樣判斷呢？」她大概也領悟了我的意思，心裡有點急了。「娟，我實在……很……很高興妳。」講這句話的時候，我的心快要從口裡跳出來了。可是她呢，臉上起了一陣粉紅，像天邊的彩霞，衹是無可奈何的神情，勉強的裝著笑容，說：「哎呀！不要這個，我不知道。」「不！請妳答應我的要求好嗎？娟！」我仍然不放鬆，好似非求結果不可似的哀求著。她開始走動了，雖然走我身邊經過，衹是，我沒有勇氣將她摟在懷裡，她「………」不知說些什麼，走了。我呆若木雞似的站立著，望著她的背影，慢慢的消逝，心裡想，這就是速戰速決的結果吧！

49・3・4，建國日報

信的處理

事情的經過是這樣的。

有一天假日，輪到我值班，中午綠衣人送來一大捆郵件，有信、有報紙、有包裹。我接過後，將自己的信件留下，將他（她）們的信件，分送到他（她）們的辦公桌上，但高小姐的信件可多，有的是寄來的書，有的是掛號信，有的是超過份量的平信，我詳細的將她的郵件來源檢查了一下，有的遠在台北、台南、高雄。近的本市鎮也有，這些資料的獲得，使我的腦海裡回憶到她過去的情形。往常她的情緒就是這樣，像瘧疾似的時冷時熱，很不正常。但是沒有人知道她的情緒為何如此的善變。因為她是小姐，關心她的人總是多幾個，我就是關心她的人之一，所以，當她愁眉苦臉的時候，我會用關切的口吻問問她：「高小姐，有什麼事情不愉快嗎？」「沒有，」嘴巴固然很硬，但是她臉上的表情仍然是一種苦笑。

有時，她的情緒好的時候，去找她玩、或者打球、或者聊天，她都會奉陪你，而且她的人樣也長得不壞，長得高高的個子，而且很瘦，她雖然受過中等教育，但是她的智識卻很豐富，和她講話，總得化點腦筋，不是她講話會兜圈子，而是話裡的意思含蓄太深了，回答她的話，偶而不小心，準會上她的當。

有一天中午的時候，她一個人愁眉苦臉，在辦公室走來走去的渡著方步，桌上放著三封信，是她折開尚未收起來的，我走到門口和她打了一聲招呼，她像是非常驚慌似的，將桌上的信連忙收起來放進抽屜裡去，我走到她的對面問她，「高小姐，有什麼機密的事情嗎？」「沒有，沒有什麼。」於是我走到她的身旁，用激將法去問她，「沒有什麼機密，將那三封信給我看看好不好？」「信有什麼好看的。」她還是不肯，「假使不要緊的話，給我看看也無所謂。」雖然我心裡想到硬要看人家的信是不近情理的，但是為了這個謎，管她呢？「唉！張先生不瞞你說，這些真是討厭死了。」她終於坦白的向我公開了，「是誰寫來的？」「誰？還不是那些無聊的人。」「那些無聊的，說明白一點呀！」「好。

老實告訴你吧！有的是同學、有的是親戚，有的是這裡的同事，有的連我也不認識……。」「這其中沒有一個好的嗎？」「你要死，人家傷腦筋透了，你還在開玩笑。喂！張先生！你說我該怎樣的處理呢？」她過分的情緒變化，至今我才恍然大悟，我回答她說：「我又沒有過這種經驗，而且我又不是小姐，我怎麼知道呢？」「呸！和你說了半天，一點用也沒有。」她用眼睛瞅了我一下，「噯！有了，字紙簍。」她指指說。我替那些投書者黯然。

49．3．28，建國日報

老張的後果

記得當我們調來此地不久，我們這位張先生就存著這種念頭，認為在這小島上找一位小姐，一定很容易。所以，他在這裡像脫韁的野馬似的，無事時，就到處亂跑。看見了漂亮的小姐，就像惡虎遇見羔羊似的，垂涎三尺。我看到他這種情形，不得不忠告他：「老張，這鄉下比不得城市。」所謂忠言逆耳，老張也就是聽不慣我的忠言，他說：「這鄉下的還不是人？」「進鄉也得隨俗呀！」我仍然好心的勸他。「什麼俗不俗？男女之間不接觸，那裡會有情感呢？」他還是理直氣壯的回答我，我無話可說，祇好隨他便了。

有一天，老張看見一位小姐在井邊洗衣服，他也就急急忙忙的回到宿舍，找了二雙臭襪子到井邊去洗。雖然老張也是在洗襪子，但他不時抬頭望著那位小姐俏麗的臉孔，細膩雪白的手臂。可是，她卻視若無覩。老張沉不住氣了，開口問她：「小姐，妳洗的衣服真乾淨。」老張雖想拍馬屁，卻拍不上，她沒有一點反

應，仍然洗她的衣服。「小姐，沒有讀書？不會講國語是吧！」「不知道。」這種激將的辦法，她終於開口了，而且講的國語還很標準呢？「啊！小姐的國語講得真好。」老張聽到她會講國語了，又奉承她一句。她又不回答了，將洗好的衣服裝在盆裡，站起來要走了。老張看機會快完了，又問一句：「請問小姐，妳的家住在那裡？」她向老張笑一笑，用手指著說。「那邊。」她這一笑可把老張笑得心花怒放，二眼望著那邊，去搜索她的家，回轉頭來，她已走遠了。

老張馬上回去，很匆忙的就到那邊去找她，真的，看到她在院子裡晒衣服，也就踏進她的家去，向她打招呼：「小姐，晒衣服？」她卻看了他一眼，微微的笑了一笑，沒有回答。突然房間裡走出一位老頭兒來，看見老張站在院子裡，便問：「有什麼事情嗎？」老張看到他那付殺氣騰騰的臉孔，又是這麼粗暴的聲音，一時手足無措，不知怎樣回答才好，呆了半天才說了一聲：「唔……玩玩。」傾刻間，又看到她也跑進房子裡去了，老頭兒再沒有理他，也跟著進房子裡去了。老張碰了這一個釘子，走回來大發牢騷，自言自語的說：「他媽的，這裡的人一點禮貌都沒有。」我聽了他的話，知道他碰了釘子，所以，又對他說：「老張，這裡的小姐，還是憑父母之命，媒妁之言的，自由戀愛的時代還不到呢？」老張似有所悟，默默無言的又走了。

老張聽了我的話，立刻去找×里長做媒，告訴他的來意，並說明那邊十三號門牌，有位姓謝的小姐，中等的個子……里長還未聽他說完，就知道他說的是那個聾子啞巴吧，因為那一家祇有她一位小姐。所以很快的回答：「啊！我知道了，那個小姐，你先生要的話，沒有問題，明天我替你去問好了。」老張看到他這樣幫忙，連說了幾聲：「拜託拜託！」稱心如意的吹著口哨回來了。

第二天，消息來了，里長告訴他，祇須要一千元的聘金，二百斤禮餅就好了。這一下，老張可高興了，馬上請里長回答她，三天後訂婚。老張連忙向我道謝，說是我的看法很對，這二天，他忙起來了，訂禮餅，打金項鍊，寫信給朋友……。

三天後，老張穿著筆挺的西裝，請到幾個人，陪同里長，將禮餅送上謝府去。一路上很多人看熱鬧，大家都笑著竊竊私話，老張聽到路旁的二位小姐在談話：「誰說聾子啞吧沒人要呢？」「……」老張因為高興過度，並沒有去懷疑這些話。待走到上大人那裡，老張看到她家人滿臉笑容的站在門口，里長做手勢與小姐打招呼：「恭喜！恭喜！」老張腦子裡立刻回憶到路旁二位小姐的談話，心理一想，不對勁，連忙問里長：「她是……是……。」是了半天，還沒有說出來。里長還向他打趣的說：「真是一日不見隔三秋了，今天小姐打扮得比以前漂亮，你就不認識了嗎？」老張聽了，臉色一變，目瞪口呆的，「啊！……她是個啞吧？」「怎麼啦？你還不曉得？」里長莫名其妙的回答他。「不……不是她，是……是……是那後面站著的。」一面回答，一面用手指著那天晒衣服的那一位小姐說：「啊！她是我的媳婦。」老頭子露出一口的黃牙齒，笑嘻嘻的回答他。老張聽了，氣得血管快要暴炸了，幾乎昏了過去。

48．2．17，建國日報

赴台定居記略

余生於己巳年九月二十七日巳時，馬齒徒增，迄今虛度六十有五。所謂立德、立言、立功，余竟一事無成，豈敢無愧？

今日余能衣食無缺，實賴祖德庇佑及父母之恩賜，因長於抗戰時期，整個社會經濟瀟條，父親乃小公務員，母親務農，弟妹幼小，維持家庭生計，已夠沉重，仍能供余讀書，雖未達到甚高之學歷，但已奠定日後進修之基礎，父母之恩，豈敢忘也。

當國共二黨爭霸政權，整個大陸陷入戰亂之中，余於己丑年從軍，歷經艱辛，冒九死一生之險，於是年底隨軍來台。

語云：光陰似箭，日月如梭。瞬間，來台已四十餘載矣！所幸，海峽二岸重視人道，於己巳年開放二岸探親，始得與父母弟妹親朋好友團聚，一抹分離相思之苦，乃余一生之大事也。

余在台於丙申年以無職軍官退伍，離開軍中之後，因囊空如洗，且舉目無親，生活頓成問題，肩不能挑，手不能提，亦無一技之長，其時呼天天不應，喚地地不靈，如寒天飲雪水，點滴在心頭。幸賴祖德庇佑，吉人天相，經友人協助，覓得臨時工作，而有棲身之處，免於饑寒之迫。利用餘暇，充實自己，終於在戊戌年參加台灣省教育廳小學教師檢定考試及格，次年來澎任教，於是生活安定。是時，既未成家，亦未立業，豈可懈怠？公餘之暇仍然不斷進修，始有今日省立台北師專之學歷，及今日教務主任之職。

余幼承庭訓，待人以誠，故深得長官之器重，及同仁與友人之信賴，因而介紹余與許秋蘭女士於甲辰年結成連理，始有今日溫馨之家居生活。余妻賢淑大方，勤儉持家，育子女四人，生活雖是清苦，但其持家有方，平日省吃儉用，不但教育子女，而且於廿年前興建住宅一棟，雖非豪宅，但是獨門獨戶，當年亦獲得不少過往行人羨慕的眼光及親朋好友的讚許，起碼不看房東之臉色，而受租屋之苦，生活其中，既溫馨且舒適，定居台澎已成定局矣！

如今子女長大成人，從事教、商，各展鴻圖，吾子子彥，亦於前年成婚，女兒待字閨中？看其緣份而已矣！

古書曰：夫天地者，萬物之逆旅，光陰者，百代之過客……，確如斯言。即將退休，適逢家譜三修，特略述赴台之情形於萬一，以便後人知其根也，盼望未來，祖宗庇佑，余後代子孫繁衍，事業有成，能積德行善而光宗耀祖，是為記。

台灣省澎湖縣馬公市中興國小教務主任張如漢記

載江西省定南縣張氏三修族譜（中央研究院民族研究所珍藏一部）

族譜三修序

家之有譜，猶國之有史。雖其體例不同，然其整飭倫常，維持風俗，端正人心，其功能則一也。史則記事跡，傳百世，譜則昭穆明，而長幼序。

家譜初修之時，余祖父贊謨公參與編修兼謄錄，二修之時，余以弱冠之年參與編修兼謄錄，今家譜三修，家父先吉公任修譜董事會副理事長。祖、父、孫三代參予修譜，何其有幸？

當時二修家譜之時，吾記憶猶新，其熱鬧情況，仍歷歷在目。歷經四十餘載之滄海桑田，二修之譜僅一存部，幸賴南基叔公保存，其對張氏之功，永垂後人欽敬。

癸酉年返鄉，南基叔公出示家譜囑余閱，然後家父先吉公及南基叔公商議修譜事，余甚贊成。後經家父及南基叔公之奔走，於甲戌年，邀集各房長輩，著手修譜，於是年底，修畢付印之時，特撰數語，言修譜之經過，及感謝參予修譜者之辛勞，及出錢出力之長輩及侄孫等人，使得吾族繁衍而源遠流長，而百世其昌。是為序。

甲戌年五月十八世裔孫如漢敬撰於台灣澎湖

載江西省定南縣「張氏三修族譜」

先慈墓志銘

先慈袁氏閨名新玉，生於清光緒三十四年五月二十三日吉時，歿於庚午年（一九九〇），享年八十有五。

吾母秉性賢淑，勤儉持家，敦親睦鄰，其範懿行，堪呈矜式，至今猶為閭里所稱頌。

不孝男因戰亂而少小離家，藉開放而老大回鄉，旅居台灣四十餘載，思親情懷，無時或輟。因海天迢迢而阻隔，故難盡孝道於萬一，罪孽之深重，雖百身亦莫贖。

而出殯之日挽以「四十年來，未曾侍養，慚愧至極。一次相聚，竟成永決，遺憾終身。」為內心之寫照。爰斥資重建塋塚，以報生我、養我、教我之深恩、藉慰母親在天之靈，聊盡孝思，是為誌。

歲次辛巳三月不孝男如漢敬撰

祭父文

維

公元一九九九年二月一日，如漢率弟、妹、子、侄、及孫輩等謹以肴饌及鮮花素果叩祭於吾父大人之靈前曰：

嗚呼！離鄉背井五十載，二岸相距千萬里，海天迢迢，關山難越，思親之情未減，返鄉之望日增。幸者，十年前二地開放，先有魚雁之探尋，敬悉吾父之健在，足慰兒心。遂不避艱辛，返鄉探親，父子相見。泣不成語。而後懇請來台定居，晨昏叩安，盡人子之孝。未幾，因父思鄉心切，復回故里。兒雖多次返鄉探視，猶有人子之孝未竟之憾。

去歲因病入院，兒即返鄉探視，數日即痊癒出院，返家休養。兒雖經常以電話探訊，均獲健康之佳音。如今仍二豎為害，魂歸華表，一夕驚變仙駕海天。

吾父嚴於律己，當為兒孫輩持家之瑰寶，吾父寬於待人，已為城鄉傳頌之美

德。地下有知，當瞑目矣！魂兮歸來。
應含笑矣！
嗚呼　尚饗

新詩

我是年輕的老兵

革命陣營是我溫暖的家
為了實踐主義，永遠不願離開它
多少年的訓練使我具備優良的技術
多少年的教育使我認識忠、奸、善、惡，與正、邪……

從北伐、抗日、剿匪，我曾馳騁沙場
流下的血與汗曾發出燦爛的光
掃蕩了不知幾許的軍閥、倭寇與共匪
挽救了民族生存與國家的危亡

數不盡的創疤是我光榮的標誌
額角的皺紋是我勝利的笑意

我是一位永遠年輕的老兵
如那蒼松勁柏，不怕那狂風暴雨

青年戰士報

情感之舟

我從遙遠的天涯漂流此地
啊！無名之舟
你雖想尋覓溫馨之港，
可是啊！時間尚早，
港口仍然封閉。
你孤獨的在港外蕩漾，
恐懼！？……渴望！？……
那年！？……那月！？……
這漫長的時間啊！
祇好黯然。

49．元．14，建國日報

渴望

漁夫為了一個願望，
站在海的邊緣。
渴望著啊！
風平浪靜，
撒下手中的網。

農夫為了一個願望，
站在遼闊的田野上。
渴望著啊！
風調雨順，
播下的種子成長。

戰士為了一個願望，
站在戰鬥的前方，
渴望著啊！
反攻令下，
毀共滅俄復興中華。

戀情

沉默的凝視，
勝過千言萬語，
躲躲藏藏的追求，
增加了無限的情趣，
我願永醉在這戀情裡。
讓妳天天唱著——
追尋。
追尋我給妳的相思……。

日記

人生的旅途
有平坦，崎嶇……
我一日一日……
一點一滴的記載著
人生在旅途上遺留底甜、酸、苦、辣……

以上發表於建國日報

附錄

此附錄：吾兒子彥，在學時，暑假打工，在建國日報當實習記者，其對社會現象之觀察，可說相當敏銳，以上世紀八〇年代之背景，能發掘社會上光明面與黑暗面之特殊情況，甚為可貴，故特附錄於此。

演奏樂器樂陶然

西溪國小鼓笛隊

演奏樂器樂陶然

陳進卿及陳仲佑捐贈，陳煥昌少尉義務指導

【本報訊】在湖西鄉西溪國小的教室裡，小朋友正專注地演奏各式樂器，有的吹笛，有的打鼓，有吹口風琴，這是該校新近才成立的「鼓笛隊」，他們所使用的新樂器，也是不久前才由兩位熱心人士所捐贈。

這套樂器包括各種大小的鼓、口風琴、直笛及各種打擊樂器，其價值總計約六萬餘元，是高雄鼓山國小老師陳進卿及台北市琴府樂器公司董事長陳仲佑，為了解決西溪國小樂器不足的困境而合資捐贈的。

該校校長許義次表示，他平時即很重視學生的音樂素養，要求全校中、高年級學生每人都準備一枝直笛，並且在課餘時間來教導他們吹奏技巧。但是礙於經費有限，一直無法添購其它樂器。

直到今年年初，其友人陳進卿和陳仲佑抵澎至該校參觀，看見教導許正雄以克難方式訓練學生演奏，對學校不畏艱難仍盡力提倡音樂教育的精神感到欽佩，因而承諾兩人將合資捐贈學校一套鼓笛隊樂器。

這批樂器已於日前運至，該校師生無不以擁有這套全新的樂器而感到欣喜。負責訓練指揮的是該校教導許正雄，他說，由於有這套新樂器，學校才得以組成一支正式的樂隊。目前樂隊的練習都是安排在星期二、五下午的團體活動時間。

此外，該校附近的駐軍〇二七一附三部隊長知悉該校正在訓練鼓笛隊，便選派了於台北師專畢業正在該部隊服役的陳煥昌少尉，利用星期三下午休假時間到校義務指導學生練習。

許義次校長最後說，私人捐助興學在國外早已蔚為風氣，但在國內仍有待提倡，尤其是偏遠地區的學校，更需要社會上熱心人士之參與捐助。

綜觀今日之澎湖，正待積極突破「文化沙漠」之譏稱，因此在音樂藝術教育及其它人文教育的充實，尤應加强。西溪國小努力爭取私人捐助興學之作法，尤值得借鏡。（實習記者張子彥）

婦女會慷慨解囊

贈家庭扶助中心

作扶幼基金之用

【本報訊】隨著春節的腳步接近，社會上「雪中送炭」的事情也越來越多。昨日上午，澎湖縣電信局第三十一婦女互助會也慷慨捐出八千元給家扶中心充實「扶幼基金」。

上午十時許，電信局婦女互助會一行八人，在主任委員林富美率領下，至家扶中心捐出新台幣八千元給家扶中心，以充實中心的「扶幼基金」。林富美表示，這些錢雖然不多，但也是委員們的一番心意，本來互助會是要利用作為舉辦員工活動，但適值國喪期間，委員們便決定將這些錢捐出貢獻社會。而後又知悉中心正極需經費，因此便決定將錢捐交由中心運用。

由於昨日正值中心發放扶助金的日子，許多受扶助民眾都攜帶子女前來領取，此時林主任委員及其他委員都紛紛向民眾及小孩問好、探詢他們的生活狀況，並由家扶中心主任蘇瓊華對於中心的業務運作及經費來源作說明，而後離去。

由於社會人士的熱心捐款，才能使社會上處處都能有溫暖，家扶中心蘇主任說，由於民眾熱心捐款、春聯等，使得中心所扶助的家庭能有更多的能力來辦年貨，替小孩購買新衣，但由於扶助的家庭人數太多，因此仍有待社會各界踴躍捐款來幫助他們。

當您全家都興高彩烈地準備過年之際，別忘了仍有人為了生活而煩惱，讓我們「民胞物與」的精神再次地發揮，援助那些需要我們幫助的人。（實習記者張子彥）

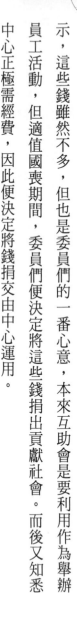

家扶中心快樂兒童營

快樂兒童營

過愉快寒假

【本報訊】下個月初就開始放寒假了，小朋友們都一定很期待假期的來臨，但要如何使自己在這卅餘天中過得充實又愉快，不妨來參加由家庭扶助中心所主辦的「快樂兒童冬令營」。

家扶中心蘇主任說，鑑於往年的夏令營及冬令營的反映都十分良好，因此今年寒假仍要再辦兩天一夜的冬令營。

他表示，這個活動已決定在二月七、八日兩天舉行，地點是在「芥菜種女子學園」，將以宿營的方式舉辦，活動內容有玩偶製作、布袋戲欣賞、水餃大餐和一連串的團康遊戲，此次活動的特點是讓每位參加的小朋友親自上市場購買活動所需要的食品，體會一下媽媽買菜的滋味。

在睡的方面，蘇主任已洽請有關單位借予數十條大棉被，可使小朋友在凜烈

的冬天氣溫下，能像在家中睡得一樣舒服。

據了解，家扶中心每年舉辦類似夏、冬令營的活動，都受到家長們及小朋友的歡迎，每次活動報名的人數都會超過預定的人數很多，加上每次活動從策劃到執行都有許多熱心的義工們參加，因此才能使每次活動都能圓滿結束。

最後蘇主任表示，由於需事先策劃活動流程，而有意參加者請於元月卅日前向家扶中心報名，對象是國小四、五年級男女生，每人繳費一百五十元，額滿就截止。（實習記者張子彥）

逢年過節老人行乞不鮮

逢年過節善信進香
老人行乞數見不鮮

【本報訊】在國民生活水準及所得日益提高的今天，社會上仍有不少「開倒車」的現象，就像出現在馬公市城隍廟的行乞老人便是一個顯明的例子。

每到過年過節前，只要是黃曆上所謂的「黃道吉日」，都會有許多善男信女到廟中上香祈福，但常到城隍廟上香的民眾都知道一件事，那就是要多準備些零錢來應付踞坐在廟口或廟中兩側石柱下的「老人們」。

這些老人中男女皆有，年紀約莫在五、六十歲左右，他們在民眾到廟中上香時，便會羣集在廟中出現，向來來往往的香客們索錢。據了解，這些老人中，的確有生活窮困而無法維持生計的，但也有子女成羣，卻仍來行乞，其動機就令人難解。

澎湖以觀光勝地著名，而馬公市區又是遊客們逗留最久的地方，這種情形無疑是破壞了本市的形象！況且在今日富足的社會，的確不該有人流於行乞之業的。

而這此老人們的問題，則應深入調查，其若是生活真有問題，則政府有關單位及民間就應給予救助，反之只是為了牟取小利而行乞，則該依法取締，以免損壞本市觀瞻。（實習記者張子彥）

做個認養人與助養人

將你關心觸角
伸向家扶中心
做個認養人助養人
給予貧困兒童照顧

【本報訊】在工商業發達，國民生活水準日益提昇的今日，許多有愛心的民眾們都紛紛地以行動來回饋社會，例如：像捐款成立基金會來幫助心臟病兒童、老榮民們返鄉探親……等都需要關懷的人，足見我們社會的確是處處充滿愛的。

但是在關懷之餘，您的家鄉！澎湖，也有許多人正等待著人們多付出一點愛心呢！但有些人或許不知道該如何來幫助他們，現在「中華兒童福利基金會」所屬的澎湖家庭扶助中心，將可以協助您來散佈愛心和關懷。

澎湖家扶中心是基金會全省二十二個中心其中之一，初創始於民國五十三年，其後因故停辦，直到民國六十二年為應澎湖地區需要而重新開辦，其服務的對象也由原來以低收入戶兒童，而計劃漸漸擴及到社區兒童。

家扶中心現在的扶助地區，因限於人力，只能作到馬公、西嶼、湖西、白沙等四個市鄉的扶助，在扶助區內凡年齡十一歲以下，父母雙亡或一方死亡、出走、離婚、重病、殘障而被列為低收入戶之兒童，均列為該中心扶助對象，到目前為止，該中心共扶助一百九十九戶，四百一十五名兒童。

該中心蘇主任表示，為了能配合施行政府的社會福利政策，搭起愛之橋，結合社會愛心人士推動「幼吾幼以及人之幼」，因此中心安排有認養人、助養人及贊助經費及人力的方式，使民眾能選擇其一來發揮愛心。

所謂「認養人制度」，即是不論個人或團體，不分職業、年齡，均可認養該中心扶助兒童。認養費每童每月七百廾元，認養人平時可透過中心隨時與兒童通信，或安排見面。

「助養人制度」則是個人或團體每月捐款三百元，由中心運用以協助其他認養人來照顧需要的兒童，如此同樣也是愛心的關懷發揮。而贊助人就是歡迎愛心

人士、團體在中心舉辦活動時給予經費及人力上的贊助。

兒童乃國家未來的主人翁，在高聲提倡社會福利的今天，尤應重視兒童福利工作的紮根，且不能單靠政府的力量，民間各界也應一起響應，將其愛心回饋社會。

年關將屆，當大家都在喜洋洋地準備過年之際，希望社會上各界人士能提升同胞愛，在此刻加入認養、助養及贊助的人的行列，將自己的關懷之意散播給同住在這塊土地上的同胞，使那些兒童能有個快樂的童年。

中心的電話是（〇六）九二七六四三二。（實習記者張子彥）

整編舊書購進新書

王安電腦公司玉成

整編舊書購進新書

【本報訊】「書香社會」一直是人們所追求的境界，家扶中心也不例外，其現在正積極整理編排舊有書籍和大批新購書籍，準備成立一個圖書室來服務附近社區的兒童。

位於文光路的家扶中心，經常是孩子們進出的天地，因為這兒的書架上陳列著許多精彩的故事書。中心人員好幾次都想增購圖書，卻都苦於經費拮据，無法實現。直到日前「王安電腦公司」捐贈了十萬元給中心充實設備，才達成了這個願望。

中心蘇主任說這筆捐款真有如久旱逢甘霖，來得真是時候，雖然不是一筆大數目，但至少可以為成立圖書室的計劃打下一個基礎。

新圖書室是設在該中心的二樓，房間地上鋪著地毯，組合式的書架上陳列著一套一套由蘇主任精心挑選，專為學齡前到國小六年級兒童所出版的圖書。且由於都是精裝本，每套售價動輒在三、四千元以上，現在每天都有小義工們來中心幫忙編排分類書籍，預計可在本月七日前完成全部工作後開放使用。

談及設立目的時，蘇主任表示，設立圖書室之目的主要是要藉著優良的圖書，來培養兒童們閱讀的興趣，同時也提供中心附近社區的小孩子在課餘及假期時，能有閱讀課外書籍的地方。

蘇主任又說，由於是剛起步，一切硬體及軟體設備仍很簡陋，尤其是在現有藏書量上嫌不足，此外現在有許多書尚無書架可供擺設，希望社會熱心人士能給予支持。因為您家中的故事書對您來說不算什麼，但對中心的小朋友說不定像是如獲至寶呢！

請發揮您「幼吾幼以及人之幼」的愛心，幫助中心充實設備，中心電話是（〇六）九二七六四三二一。（實習記者張子彥）

年邁高堂猶奮餘力撫養孫輩

養女無情拋下子女離家不回
年邁高堂猶奮餘力撫養孫輩
翁波夫婦老境悽慘，全靠鄰人接濟

年年難過年年要過，不知如何是好

【本報訊】常言道，「天下沒有不愛自己子女的母親」。話雖如此，在現今社會上卻有一件母親棄子女於不顧而出走，而將五個小孩都丟給年高體病的祖父母扶養的情事。

事情是發生在鎖港里一百三十二之一號翁波夫婦的身上，他們早年收養了一位養女，長大成人後又為其招贅一夫，並陸續育有三男二女，長子已十四歲，么女才四歲。

年輕夫婦在一次嚴重的爭吵後，養女便丟下了五個子女及年邁體弱的雙親而出走，於是這對可憐的老夫婦只好負起養育這五個小孩的責任，但由於這對老夫婦都已年老無工作能力，因此往後的生計問題便成為他們祖孫七人的最大困擾。

根據了解，翁老先生現年已八十餘歲，早已失明的妻子也將近七十歲且患有心臟病，為了方便清潔，五個孫兒不分男女都剃著光頭，其中排行老四的男孩還折斷一雙手臂，至今仍未就醫，只用幾塊木條加以固定，而其家中光線幽暗、蚊蠅叢生，不時有異味傳來，實在很難令人想像居然有七人住在裡面。

翁波老先生說，由於女兒出走，家中生計頓成問題，現在每月只能以三級貧民的身份領取少許救濟金，而平時也都依靠鄰居贈予的米、油、鹽的救助，才得以過活，而平時其妻及孫兒看病的錢，也大都是向別人借貸得來，現在農曆春節又將到，根本就沒有錢來過年。

目前五位外孫中，有三位分別就讀於澎南國中及五德國小，每年的教育經費及午餐費是他們極大的負擔。據了解，小學的午餐費，一人為二百元（原三百元），雖然是區區幾百元，已使這對老人不知如何是好。

翁老太太含淚表示，她希望出走的女兒能看在這五個子女的面上回家，否則她這失明的老人也無法照顧他們多久了。

一對年老的祖父母加上五個小孩，其遭遇實在令人同情，其養女行為則令人切齒，五個小孩的將來仍令人擔心，因此除了政府的些微救助外，最有力的仍應靠社會各界，大家或多或少給予各方面的救助，讓這群祖孫的生活有重見歡笑的

一日。（實習記者張子彥）

一架錄音機．播出悽涼調！

販賣愛心香．其中大有文章？

據一殘障業者透露有老闆供應貨品裝備

是否為不法集團在後操縱牟利值得注意

【本報訊】一種以販賣所謂「愛心香」的行業，最近常在馬公市的大街小巷中發現其踪影。簡易的手推車上放著一大堆的香，一架錄音機不停的播放著一些極悲涼的言詞，但其中可能存在一些問題。

這些販賣「愛心香」的小販，多是殘障而不良於行的人，他們在地上一步步匍伏推著車子沿街販賣，加上錄音機中播放出描述其悲涼身世的言詞及悽涼的配樂，使民眾不免為之鼻酸，而紛紛掏腰包購買這一包一百元的「愛心香」。

而在不久前，台北市景美分局，曾經積極追查一件疑似不法集團利用殘障者

附錄

的案子。景美區近來常出現這類型的小販，其出沒時間及地區都有一定，而其所用手推車及所販賣的香都是一模一樣，所播放的錄音帶內容也大都雷同，因此便懷疑有人在幕後利用這些殘障者從事牟利。

據一位殘障業者透露，他們有一位老闆供他們貨品及裝備，每一包售價一百元的香，卅元由他們自己收下，而另外八十元則全交給了他們所謂的「老闆」。

反觀在馬公市街上也出現的小販，其所使用的裝備及錄音帶內容都與台北所見的極為類似，是否不法商人的觸角已伸展到澎湖這民風淳樸的地方？

根據一位經營香燭生意多年的商人表示，這些小販們所賣的香，其品質屬於廉價品，成本估計不到廿元，不法商人藉著民眾關懷殘障同胞的心理，利用殘障者以成本不到廿元的東西轉手以一百元的價錢賣給消費者，而藉此牟取不法利益。這種情形實在值得有關單位追查研究。（實習記者張子彥）

國家圖書館出版品預行編目

濤軒散記／張如漢著. -- 一版. -- 臺北市 :
秀威資訊科技, 2004[民93]
面； 公分. --（語言文學類：PG0027）
ISBN 986-7614-69-0（平裝）
1. 論叢與雜著
078 93020925

語言文學類 PG0027

濤軒散記

作　　者 / 張如漢
發 行 人 / 宋政坤
執行編輯 / 李坤城
圖文排版 / 張家禎
封面設計 / 羅季芬
數位轉譯 / 徐真玉　沈裕閔
圖書銷售 / 林怡君
法律顧問 / 毛國樑　律師
出版印製 / 秀威資訊科技股份有限公司
台北市內湖區瑞光路583巷25號1樓
電話：02-2657-9211　傳真：02-2657-9106
E-mail：service@showwe.com.tw
經 銷 商 / 紅螞蟻圖書有限公司
台北市內湖區舊宗路二段121巷28、32號4樓
電話：02-2795-3656　傳真：02-2795-4100
http://www.e-redant.com

2004 年 12 月　BOD 一版
2006 年 11 月　BOD 二版
2009 年 4 月　BOD 三版
定價：340 元

讀 者 回 函 卡

感謝您購買本書，為提升服務品質，煩請填寫以下問卷，收到您的寶貴意見後，我們會仔細收藏記錄並回贈紀念品，謝謝！

1.您購買的書名：______________________________

2.您從何得知本書的消息？

☐網路書店 ☐部落格 ☐資料庫搜尋 ☐書訊 ☐電子報 ☐書店

☐平面媒體 ☐ 朋友推薦 ☐網站推薦 ☐其他___________

3.您對本書的評價：(請填代號 1.非常滿意 2.滿意 3.尚可 4.再改進)

封面設計____ 版面編排____ 內容____ 文/譯筆____ 價格____

4.讀完書後您覺得：

☐很有收穫 ☐有收穫 ☐收穫不多 ☐沒收獲

5.您會推薦本書給朋友嗎？

☐會 ☐不會，為什麼？______________________________________

6.其他寶貴的意見：______________________________________

____

____

____

讀者基本資料

姓名：____________________ 年齡：______ 性別：☐女 ☐男

聯絡電話：________________ E-mail：____________________

地址：____

學歷：☐高中(含)以下 ☐高中 ☐專科學校 ☐大學

☐研究所(含)以上 ☐其他_______________

職業：☐製造業 ☐金融業 ☐資訊業 ☐軍警 ☐傳播業 ☐自由業

☐服務業 ☐公務員 ☐教職 ☐學生 ☐其他__________

請	貼
郵	票

To：114

台北市內湖區瑞光路 583 巷 25 號 1 樓

秀威資訊科技股份有限公司　　　收

寄件人姓名：

寄件人地址：□□□

(請沿線對摺寄回,謝謝!)

秀威與 BOD

BOD（Books On Demand）是數位出版的大趨勢，秀威資訊率先運用 POD 數位印刷設備來生產書籍，並提供作者全程數位出版服務，致使書籍產銷零庫存，知識傳承不絕版，目前已開闢以下書系：

一、BOD 學術著作—專業論述的閱讀延伸
二、BOD 個人著作—分享生命的心路歷程
三、BOD 旅遊著作—個人深度旅遊文學創作
四、BOD 大陸學者—大陸專業學者學術出版
五、POD 獨家經銷—數位產製的代發行書籍

BOD 秀威網路書店：www.showwe.com.tw
政府出版品網路書店：www.*gov*books.com.tw

永不絕版的故事・自己寫・永不休止的音符・自己唱